KLETT COMPUTERPRAXIS FREMDSPRACHEN KLETT

Reinhard Donath und Dagmar Odenthal (Hrsg.)

Französisch & Internet

Methoden und praktische Beispiele
für den Französischunterricht

Ernst Klett Verlag
Stuttgart Düsseldorf Leipzig

Anmerkung der Redaktion

So schnell die Informationen via Internet und E-Mail auch zugänglich sind, so kurzlebig kann ihre Aktualität leider oftmals sein. Zum Zeitpunkt der Drucklegung waren die angegebenen E-Mail-Adressen und die URLs, die Adressen im World Wide Web, alle noch aktuell. Dies kann sich jedoch täglich ändern. Bitte haben Sie also Verständnis, wenn Sie unter der einen oder anderen im Heft genannten Adresse keine Webseite oder keinen Empfänger mehr antreffen sollten – dafür sind sicher mindestens so viele neue, nicht minder interessante hinzugekommen.

In den Beiträgen werden die Namen verschiedener Computerprogramme, meist Standardsoftware in den Bereichen Textverarbeitung und Präsentationstechnik, genannt. Wir weisen darauf hin, dass die Verwendung von Gebrauchsnamen, Handelsnamen, Warenbezeichnungen usw. in diesem Heft auch ohne besondere Kennzeichnung nicht zu der Annahme berechtigt, dass solche Namen im Sinne der Warenzeichen- und Markenschutz-Gesetzgebung als frei zu betrachten wären und von jedermann benutzt werden dürften.

Bildquellen:

Global Pictures (defd-pwe), München (S. 19)
Joachim Peper (Svea Melzinger, Josy Smith) (S. 31 und 32)

1. Auflage   1 5 4 3 2 1 | 2007 05 05 04 03

Die letzte Zahl bezeichnet das Jahr dieses Druckes.
© Ernst Klett Verlag GmbH, Stuttgart 2003.
Alle Rechte vorbehalten.
Internetadresse: http://www.klett-verlag.de

Redaktion: Thomas Eilrich

Umschlaggestaltung: Christian Dekelver, Weinstadt
Illustrationen: Heide Völckner, Berlin
Druck: Gutmann + Co. GmbH, 74388 Talheim
Printed in Germany.
ISBN 3-12-719010-7

Inhalt

Vorwort der Herausgeber 4

1 Einfach einsteigen –
Anregungen aus der Praxis
(alle Schulstufen)
Dagmar Odenthal 5

2 Früh beginnen –
Computerbegriffe verstehen, lernen, zuordnen
(Anfangsunterricht)
Béatrice Martin-Kauder 9

3 Überblick gewinnen –
Beispiele aus der Unterrichtspraxis
und alle wichtige Methoden auf einen Blick
(Sek. I + II)
Andreas Grünewald 13

4 Internet im Anfangsunterricht –
mit dem Lehrbuch kombiniert
(Sek. I, 1. Lernjahr)
Astrid Hillenbrand 21

5 Virtuell reisen – einfach, praktisch,
schnell und sicher
(Sek. I + II)
Astrid Hillenbrand 23

6 Einen virtuellen Reiseführer
für Lernpartner in GB erstellen –
ein deutsch-britisches (Comenius-)Projekt
im Französischunterricht
(Klasse 9 + year 9)
Joachim Peper 29

7 Recherchieren –
Ziele und Strategien für die Internet-Recherche
mit und ohne Lehrbuch
(Sek. I + II)
Manfred Overmann 37

8 Interkulturelles Lernen mit Partnern –
neun Lernmodule mit Internet
und Multimedia
(Sek. I)
Carina Krause 39

9 Texte für Gesprächsforen verfassen –
was Gesprächsforen sind, wie man sie
in den Unterricht einbindet, was man
dabei beachten muss
(Sek. I + II)
Astrid Hillenbrand 43

10 Das Klassenzimmer öffnen –
Landeskunde einmal anders
(Sek. I + II)
Manfred Overmann 45

11 Informationen aus Internet und E-Mail
kritisch verarbeiten – authentische Quellen
suchen, sichten, strukturieren, bewerten
(Sek. I + II)
Bettina Schwenzfeier 49

12 Den Kindern das Wort geben –
französische Begriffe suchen, übersetzen,
ordnen, kommentieren
(alle Schulstufen)
Dagmar Odenthal 53

13 Französische Sonderzeichen
mit der französischen Tastatur schreiben
(alle Schulstufen)
Rolf-Peter Wegner 57

Die Autoren dieses Heftes 62

Literatur 63

Vorwort der Herausgeber

Bonjour und Moin,

schön, dass Sie sich dafür interessieren, wie man die neuen Technologien mit ihren verheißungsvollen multimedialen Ansprüchen und Möglichkeiten im Französischunterricht nutzen kann. Im WWW auf eine Adresse zu klicken, ist ja keine wirkliche Herausforderung, aber daraus Fremdsprachenlernen werden zu lassen ist es auf jeden Fall. Die Autorinnen und Autoren dieser Veröffentlichung haben mit gänzlich verschiedenen Altersstufen und Themen gearbeitet, aber allen gemeinsam ist das Bestreben, Methoden zu nutzen, die sprachlichen Zugewinn ermöglichen und im oft als kopflastig empfundenen Französischunterricht neue Motivation schaffen. Und das sind die eigentlichen Herausforderungen des multimedialen Unterrichts – Lernarrangements zu schaffen, die Computer und Internet in Lernprozesse integrieren und die Technik auf ihre mediale Funktion reduzieren. Dafür finden Sie hier vielfältige Beispiele. Falls es Sie beunruhigt, dass Sie dafür das Lehrbuch beiseite legen sollen und mit dem Pensum in Verzug kommen könnten: viele Themen eignen sich für die Verbindung von Internetarbeit und Lehrwerk, ergänzen, vertiefen diese und beschleunigen indirekt die grammatische Progression.

Wir hoffen, dass die vorliegenden Unterrichtsbeispiele Ihnen Anregungen und Ideen geben, selbst aktiv und/oder aktiver zu werden auf dem Weg des Sprachenlernens in der und für die Wissensgesellschaft.

Bon courage !

Dagmar Odenthal und Reinhard Donath
Berlin und Aurich im Oktober 2002

1 ...und wie einsteigen?

Dagmar Odenthal

Wenn Sie als Französischlehrerin oder Französischlehrer bisher, wie die große Mehrheit, soliden Unterricht mit Hilfe von erprobten Lehrwerken gemacht haben, wenn Sie Kassetten, Folien, Übungshefte, Lernkarteien oder Spiele zum Einschleifen grammatischer Muster eingesetzt haben, dazu ein souveränes und ausgeglichenes Verhältnis zu Ihren Schüler/innen aufgebaut haben und Sie sich in Ihrer Rolle als *metteur en scène* außerdem wohl fühlen – warum sollten Sie sich dann eigentlich auf ein so technisch ausgerichtetes, unbekanntes und unsicheres Terrain vorwagen? Vielleicht demotiviert Sie die andauernde Debatte über die Notwendigkeit von Einsatz von Internet, WWW, E-Mail, schrecken Sie vor der plötzlich „kollegial" zu diskutierenden Rechner- und Raumverteilungsfrage zurück, bereitet Ihnen das Mithalten-Müssen mit dem Tempo und der Lernfähigkeit Ihrer Schüler/innen auf diesem Gebiet ein ungutes Gefühl? Die Einbindung von neuer Kommunikations- und Informationstechnologie stellt an uns Lehrkräfte natürlich über die täglichen Probleme hinaus zusätzliche Anforderungen, die schon aufgrund der Altersstruktur der Lehrerschaft nicht allen Unterrichtenden gleich leicht oder eher schwer fallen.

Wie gut oder schlecht die Schulen ausgestattet sind, ist bekannt. Eine Studie aus dem Jahre 2001 hat gezeigt, dass viele Schüler/innen eine bessere Rechnerausstattung zu Hause zur Verfügung haben als die Lehrer/innen, die sie unterrichten. Warum diesen Vorsprung nicht nutzen? Warum nicht auch die Überlegenheit der Schüler/innen im Umgang mit der neuen Technologie für unseren Unterricht systematisch einsetzen? Damit wird die Hemmschwelle für den „Einstieg" zunächst niedriger und die Frage von Computernutzung im Unterricht bleibt nicht auf der Ebene des grundsätzlichen Ja oder Nein. Der Einstieg verläuft einfach weniger stressfrei und mit geringerem Erwartungsdruck.

Stellen wir uns vor: Sie sind in Ihrem Lehrwerk bei einer Lektion über den *Parc de la Vanoise* im Süd-Westen Frankreichs oder irgendwo bei den *monuments* in Paris angekommen. Die Angaben in den Lehrbüchern sind recht schnell veraltet, wie viel der Eintritt in € kostet, ob es Gruppenermäßigungen gibt, an welche Regeln sich Besucher halten müssen – alle aktuellen Informationen können Sie am schnellsten und einfachsten mit einer Web-Recherche einholen. Übertragen Sie einfach Schülerinnen oder Schülern diese Aufgabe für zu Hause. Diese drucken dort die Ergebnisse aus, Sie kopieren in der Schule – fertig.

Nächster Schritt: Sie setzen die Schüler/innen, ausgestattet mit unterschiedlichen Startadressen und Adressen unterschiedlicher Suchmaschinen in kleinen Gruppen zu zweit oder zu dritt vor die Schulrechner. Das kann am Nachmittag oder, wenn Sie Möglichkeiten zum Teilen der Lerngruppe haben, während Ihres Unterrichts geschehen. Die Gruppen recherchieren, wählen aus und präsentieren später ihre Ergebnisse der gesamten Lerngruppe über den Beamer[1]. Erfahrene Schüler/innen, die es in jeder Gruppe gibt, fungieren als Helfer – fertig.

Oder: Die Schüler/innen sind in das E-Mail-Programm eingewiesen und betreuen ihre Mitschüler/innen beim Verfassen der *méls*. Sie lassen sich die Stundenergebnisse an Ihre Schulrechneradresse schicken – die Korrektur geht hier wesentlich schneller als per Hand. Fertig! Wenn Sie später anspruchsvollere Unterrichtsergebnisse z. B. aus europäischen Bildungsprojekten wie Sokrates und Comenius haben, die Sie mit Ihren Partnern unter einer gemeinsamen Web-Adresse veröffentlichen möchten, selbst aber zurückscheuen vor Begriffen wie *html* und *Hypertext*: es gibt an den meisten Schulen innerhalb einer AG Schüler/innen, die die Homepage der Schule betreuen. Zusammen mit versierten Schüler/innen Ihrer Lerngruppe können diese Ihre Ergebnisse „ins Netz stellen" – für die Gruppe und Sie ein sichtbarer und relativ leicht realisierbarer Erfolg, für Sie selbst bleibt nur das Korrekturlesen.

Hier ein paar **Beispiele**, wie Ihnen der Einstieg mit einfachen Unterrichtsprojekten gelingen kann, ohne dass Sie zum Computerspezialisten werden müssen.

Per *mél (message électronique)* als Sprachanfänger mit einer Anfängergruppe im 1. Lernjahr (Deutsch) in Frankreich oder Kanada die **Konversationsmuster des Anfangsunterrichts schon in den ersten Unterrichtswochen** aufgreifen:
- sich vorstellen
- Vorlieben/Abneigungen ausdrücken
- verneinen
- Fragen zu Familie, Schule, Hobbies stellen + beantworten
- Konversationsmuster erlernen und anwenden: grüßen, danken, fragen
- sich verabschieden
- Empfindungen ausdrücken ...

(Beispiele aus der konkreten Unterrichtsarbeit, S. 6)

Lernpartner: Anfänger Deutsch oder Anfänger Französisch mit anderer Muttersprache. Wer nur kurzfristige Partner für ein bestimmtes Projekt oder eine bestimmte Fragestellung sucht, kann eine der Adressen aus den zahlreichen Linklisten der Autorinnen und Autoren dieser Broschüre (S. 62), der Schulbuchverlage, der Bildungsserver der Länder und der Goethe-Institute nutzen.

---

[1] Projektor für den Computerbildschirm

6 ... und wie einsteigen?

Erste (unkorrigierte) Vorstellungsbriefe einer 7. Klasse aus Berlin an Schüler/innen einer 4ième in Bordeaux (mit dem Sprachmaterial aus den Lektionen 1 und 2 von *Ensemble 1*) nach ca. 3 Unterrichtswochen:

Salut !

Je m'appelle Rosalia. Je suis de Berlin. J'ai 12 ans. Comment tu t'appelle ? Tu es d'où ? Comment ça va ? Je suis une élève! Mon amie est Cora. Elle est à l'école Fritz-Karsen. Elle est 12 ans. Elle est de Berlin.

Rosie

Salut Mathieu !

C'est moi. Je m'appelle Pierre. Tu es d'où ? Je suis de Berlin. J'ai 13 ans. Mon ami est Marinos. Marinos est aussi de Berlin. Tu as quel âge ?
Was ist dein Hobby ? Mein Hobby ist Tennis. Bitte schreib mir bald.

Tschüss,
Pierre

Bonjour!

Je m'appelle Anna. Comment tu t'appelle ? Je suis de Berlin Britz.je suis une élève de l'école Fritz-Karsen à britz. Mes hobbies : le football, le sport et écouter de la musike. Mon ami est Samantha ! Elle est de Berlin. Elle a 13 ans. Nous sommes à l'école Fritz-Karsen. Le hobby de Samanthe est: le sport et écouter de la musike.
Wie heißt du? Woher kommst du? Wie heißt deine Schule?
Ich habe drei schöne Katzen: Murkel, Oskar und Casy.
Bitte schreib zurück,

amitiés
Anna

Den Schwung der Anfangsmotivation gilt es auszunutzen! Hier ein unkorrigiertes Beispiel aus dem E-Mail-Austausch einer Berliner Schule mit ihren Lernpartnern in Bordeaux nach 7 Wochen Anfangsunterricht (einige Satzmuster wurden auf Wunsch vorgegeben):

Chère Aurore, Julie, Sophie !
Cher Emmanuel, Loïc, Jérémy, Michael, Julien et Smaël !

Comment ça va ? Nous ça va bien.
Les vacances sont finies aussi ici à Berlin. Les vacances, c'est génial. Nous sommes contents. Nous sommes à l'école. Il fait trés beau ici. Le soleil brille. Le ciel est bleu.

Au revoir de vos amis de Berlin,
Marinos, Silvia, Sabrina, Safiye, André, Cora, Jennifer, Nicole et Anna

---

Oder Ihre Schüler führen kurze **WWW-Recherchen** durch:
- Schüler/innen suchen vorgegebene Web-Adressen auf, die den Umgang mit dem PC und mit Recherchetechniken üben, z. B. http://e-mail.projekt-in.de (nach Startseite auf interaktive Übungsteile klicken).
- Internet für Kinder: http://www.lehrer-online.de, von dort gehen auf *Premiers pas sur internet* oder per E-Mail schreiben an: info@momes.net.
- Schüler/innen nutzen französische Suchmaschinen und geben Suchbegriffe ein. Hier können die Schüler/innen üben, sich auf französischen *Sites* zurecht zu finden, ohne jedes Wort zu verstehen, wenn diese ähnlich aufgebaut sind wie entsprechende deutsche. Das ist z. B. bei www.ebay.de und www.ebay.fr der Fall. Hier können sich Schüler/innen punktuell an Auktionen von Spielen, Büchern, CDs, Pokémon-Karten, Computerzubehör etc. beteiligen. Da diese Internetangebote unter Jugendlichen bekannt sind, gibt es im Umgang mit der Software kaum Probleme und das passive Verständnis neuer Sprachstrukturen fällt relativ leicht. Über Suchmaschinen wie www.lycos.fr können sie, wenn sie die Struktur von www.lycos.de kennen, Angebote von Praktikumsplätzen, beruflicher Bildung, von Aushilfs- und Ferienjobs bis hin zur Traumwohnung am *Montmartre* einholen.

Wichtige Regel bei Recherche und für die Arbeit auf vorgegebenen Web-Sites
Die Schüler/innen müssen eine von Ihnen festgelegte Anzahl neuer Vokabeln aus dem Netz „fischen" und aufschreiben oder eine Vokabelliste mit fremdsprachlichen Computerbegriffen anhand von Web-Recherche erstellen. Dabei sind *Sites* wie die kanadische *La Toile du Québec* http://toile.qc.ca oder http://ambafrance-ca.org/ sinnvoll für mehrsprachige Schüleraktivität. Die Mehrsprachigkeit von *Sites* und Suchmaschinen erleichtert das Globalverständnis und baut die im Französischen besonders hohe Hürde des Nicht-auf-Anhieb-Verstehens ab. Der Spracherwerb nähert sich eher dem Prinzip des leichteren englischen Spracherwerbs an. Zweisprachige *Websites* (englisch/französisch) erleichtern das Verständnis.

Schüleraustausch vorbereiten
- Wenn man schon eine Partnerklasse hat: im WWW Recherchen vornehmen, indem die Schüler/innen französische Suchmaschinen nutzen und Informationen über Ort, Reiseweg, Reisekosten mit verschiedenen Verkehrsmitteln vergleicht. *Météo* abfragen, vergleichen ...
- Auch „virtuelle" Reisen kann man so gestalten – ist zwar nicht so schön wie echtes Reisen, aber besser als zu Hause bleiben – Die „virtuellen" Reisen eignen sich besonders gut zur Anwendung des *Conditionnel*.
- Wie man Lernpartner findet? Hilfe für die URLs (= elektronische Adressen der Partner im Netz) findet man in den Linklisten auf den Websites der Autorinnen und Autoren dieser Broschüre (siehe Seite 62) und unter www.englisch.schule.de/email.htm.

Spannende, aktuelle Projekte in die Lehrbucharbeit einschieben
Erkundigungen über sportliche Großereignisse, Stars aus der Film- und Musikszene usw. vornehmen lassen, zu aktuellen politischen Ereignissen und weltpolitischen oder kulturpolitischen Konflikten (Stichwortsuche über frz. oder kanadische Suchmaschinen, z. B. http://yahoo.fr oder http://google.fr oder http://clicnet.com.

Dialog in Foren, Newsgroups, Chat[1]
Tagesaktuelle Ereignisse in den Unterricht einbeziehen heißt, sich mit den Ansichten und Einstellungen der Schüler/innen auseinander zu setzen. Im Französischunterricht geschieht dies meist am Rande und, wenn die inhaltliche Auseinandersetzung ernst gemeint ist, fast immer in deutscher Sprache. Durch die Möglichkeiten des Internets kann der begrenzte Rahmen der Klassensituation geöffnet werden und ein erweiterter, frankophoner Dialog mit anderen Menschen unterschiedlicher Herkunft, verschiedenen Alters oder auch mit anderen Lerngruppen an diese Stelle treten. In der Regel sind es nur kurze Texte oder Statements, oft Zwei- oder Dreizeiler, die von verschiedenen Schülerinnen oder Schülern (= Autoren) hintereinander geschrieben werden. Hier schreiben sie für authentische Lernpartner und nicht mehr für die (deutschsprachige) Klasse. So lassen sich auch Filme, Buchinhalte, Konzerterlebnisse und andere Eindrücke beschreiben – und die „Bewertung" ist, wenn sie dann in Form einer Antwort im Netz erfolgt, anders als die gewohnte. Um die eigene Meinung zügig und erfolgreich formulieren zu können und zu verhindern, dass die Schüler/innen, die im Computerraum ohnehin leichter abgelenkt sind als in der Klasse, nicht zielgerichtet arbeiten, ist Vorarbeit nötig:

- Tragen Sie an der Tafel mit der gesamten Lerngruppe zuerst eine Liste der wichtigsten Fakten in Französisch zusammen.
- Erarbeiten Sie die notwendige Lexik, indem Sie gruppenweise die Schlüsselwörter (*mots-clés*) auflisten.
- Stellen Sie eine tabellarische Übersicht über Pro- und Contra-Argumente zusammen.
- Erarbeiten Sie Satzmuster, die Zustimmung, Ablehnung, kausale Begründungen einleiten oder geben Sie diese bei Zeitmangel als zu lernendes neues Vokabular vor.

---

[1] *Foren*, *Newsgroups* und *Chats* sind Adressen im Internet, wo Interessierte zu einem Thema in sehr unterschiedlicher Qualität eigene Beiträge verfassen oder die anderer kommentieren können. Viele Tageszeitungen verwalten solche Gesprächs- oder Diskussionsforen. Statt der klassischen *courrier des lecteurs* gibt es auch Adressen für elektronische Leserbriefe, die von den online-Redaktionen im Netz eher veröffentlicht werden als in der Printausgabe einer Zeitung. Leserbriefe müssen allerdings nach wie vor mit Namen und Adresse versehen werden, für *Newsgroups*, *Foren* oder in *Chaträumen* schreibt man nur einen fiktiven Spitznamen oder Pseudonym. Praktische Tipps und weitere Hinweise siehe Astrid Hillenbrand, *Texte für Gesprächsforen verfassen*, S. 43–44.

- Die Beiträge sollen handschriftlich von jedem vorgeschrieben sein.

So können Sie Zeitverlust vermeiden, aber auch Frustrationen der Schüler/innen beim Verfassen von oft emotional gefärbten Stellungnahmen durch selbst empfundenen Mangel an adäquatem Sprachmaterial abbauen.

Kreatives Schreiben
Kleine Fortsetzungsgeschichten mit Lernpartnern schreiben, einfache Wörterrätsel für Lernpartner im Anfangsunterricht entwickeln. In Ziel- und Muttersprache per E-Mail austauschen. Wer (noch) keine Lernpartner hat, kann über die vernetzten Schul-PCs mit anderen Lernern solche Wörterrätsel entwickeln und austauschen. Geht, schnell, einfach und macht Spaß ... z. B. Zahlen, Tiere, Pop-Stars verstecken ...

Beispiel für Zahlenrätsel im Anfangsunterricht:

Partner 1 schreibt:
ELEMEUTRE**UNO**TISRITOA**DEUX**SEMONASTERIOMET**CINQ**EROUDISPERMON**QUATRE**TRISMPHKIZON**SEIZE**RTREORNUARSDOUZENTERA**DIX-SEPT**ALOIQURTIER**NEUF**ERAMVCAE**CENTE**VALECQUEMERDE**ONZE**ETUHERNTOMCNI FHUITESREHJA

Partner 2 entfernt, bis die richtigen Zahlen übrig sind:
UN, DEUX, CINQ, QUATRE, SEIZE, DOUZE, DIX-SEPT, NEUF, CENT, ONZE, HUIT.

Was muss ich als Lehrkraft beachten?
Die grammatische Progression der Lehrbücher und Rahmenpläne wird im Umgang mit authentischem Sprachmaterial und realen Partnern ähnlich der muttersprachlichen Vermittlung natürlich verlassen. Die Schüler/innen fragen schon in der Anfängerkorrespondenz nach der *Negation*, weil das Leben eben nicht ohne Nein-Sagen abläuft. Wenn man über die zurückliegenden Ferien oder die Geschenke berichtet, die man bekommen hat, verstehen auch Anfänger schon die Formen des *passé composé*. Auch Fehlern gegenüber heißt es für die Unterrichtenden, vom gewohnten Postulat der Fehlerfreiheit beim Verfassen von Texten abzuweichen. Fehler auf Seiten beider Lernpartner in Ziel- und Muttersprache sind unvermeidbar in persönlichen Briefen, beim Mitteilen von Gefühlen und individuellen Aussagen. Sie müssen sehr sensibel oder gar nicht korrigiert werden. Oft korrigieren sich die Lernpartner indirekt gegenseitig durch Nachfragen bei unscharfen Aussagen. Wenn die Partner Deutsch lernen, sollte man unbedingt die für sie bestimmten deutschen Texte auf grobe Fehler hin durchsehen, damit Falsches sich nicht festsetzen kann. Der Umfang der Textproduktion steigt durch die Kommunikation mit authentischen Lernpartnern deutlich an – ein großer Gewinn für Französisch-Anfänger, die gegenüber Englisch Lernenden normalerweise wesentlich langsamer zum freien Sprechen und Schreiben kommen.

Software

Viele Eltern sind dankbar, wenn sinnvolle Software (multimediale, lehrwerkbegleitende oder speziell trainierende) von der Schule zur Anschaffung empfohlen oder im Unterricht eingesetzt wird. Hier arbeiten in der Regel zwei Schüler/innen zusammen, abwechselnd notiert einer auf Papier (z. B. bei Hörverständnisaufgaben), der andere gibt die Ergebnisse in den Rechner ein. Wenn das bei Ihnen während der Unterrichtsstunden aus Raumgründen nicht geht, lassen Sie eine Gruppenlizenz für den Nachmittagsbereich und für freie Arbeit in der Schule (Internetcafé) anschaffen. Hier können die Schüler/innen auch versäumte Stunden in der Schule nacharbeiten, ohne dass Sie ihr individuelles Fortkommen kontrollieren müssen (vgl. z. B. www.sodis.de; Softwareangebote der Bildungsverlage finden Sie unter http://www. bildung-online.de). Oder, wenn Sie Fremdsprachenassistentinnen und -assistenten an Ihrer Schule haben (finanziert durch Sokrates- oder Comenius-Programme), können Sie Ihre Lerngruppe teilen und die Schüler/innen jeweils zu zweit z. B. mit der lehrwerkbegleitenden, sehr motivierenden Software *Multisystème* zu *Ensemble 1+2* vom Klett Verlag arbeiten lassen. Wer sich *Multisystème* als Einzellizenz für zu Hause anschafft, kann sich die Nachhilfe sparen. Macht Spaß, ist denkbar einfach und man muss kein Computerspezialist sein!

Besonders zu beachten:

Sie müssen mit Ihrer Schulleitung und den Informatikkollegen abstimmen, wie an Ihrer Schule mit Internet, E-Mail inhaltlich und der Vergabe der individuellen Mail-Adressen verfahren wird. Die Öffentlichkeitswirkung aller Beiträge, auch wenn sie „nur" an eine Partnerschule gerichtet sind, ist ebenso zu beachten wie die Bestimmungen von Copyright und Datenschutz. Die Fachräume haben im Allgemeinen eine eigene Benutzerordnung, Sie selbst müssen sich ebenso wie Ihre Schüler/innen mit der neuen Organisation des Unterrichts vertraut machen. Sie müssen Aufgaben delegieren, vieles entsteht außerhalb des Unterrichts und wird dann auch in ungewohnter Weise kontrolliert – Hausaufgaben per E-Mail!

Ausstattung in der Schule

Einfache E-Mail-Projekte sind mit der heute an (fast) allen Schulen verfügbaren Rechnerausstattung relativ leicht durchzuführen. Für Web-Recherchen, Hypertextprojekte[1], für Lern- und Übungssoftware braucht man leistungsfähigere Rechner mit Grafik- und Soundkarte. Optimal sind ca. 15 vernetzte Rechner, benutzbar jeweils zu 2 Schülern pro Rechner. Der Internetzugang muss vom Lehrer / Systembetreuer überwacht werden können. Bei geringerer Ausstattung? Es ist nicht notwendig, bei Recherchen immer für 2-3 Schüler/innen einen Rechner bereitzustellen. Recherchen können auch in Randstunden, nachmittags oder von einer kleinen Gruppe während des Regelunterrichts durchgeführt werden. Klären Sie vorab Zugangsrechte und Rechnereinweisung von Lehrkraft und Klasse mit Ihrem schulischen Systemverwalter, das vermeidet unnötigen Ärger.

Medienorte, Medienecken

In vielen Bundesländern werden jetzt auch die Grundschulen systematisch mit Rechnern ausgestattet. Das wird von allen Schulen und den Eltern begrüßt. Dennoch ist es eine Herausforderung für die Lehrkräfte der Primarstufe und der Klassen 6–8, sinnvolle Anwendungen im Unterricht für deren spezifische Arbeitsformen zu finden. Wenn zwei bis drei Rechner im Klassenraum stehen, können sie von Schülergruppen oder Lerntandems zu zweit beim Lernen an Stationen, in Lernzirkeln, in der Freiarbeit, bei der Wochenplanarbeit eingesetzt werden. Sie ermöglichen binnendifferenzierendes Arbeiten ohne schwierige organisatorische Veränderungen des Unterrichtsablaufes. Einzelne Schüler/innen oder Kleingruppen können mit Lernsoftware üben, in Enzyklopädien oder Wörterbüchern nachschlagen, schreiben, zeichnen oder im Internet recherchieren. Günstig ist es, wenn im Klassenraum oder an Gesamtschulen auf dem Jahrgangsflur eine „Medienecke" mit verschiedenen Geräten wie Drucker, Scanner, Videorekorder, CD-Player und Kassettenrekorder zu finden ist.

Beispiele für eine solche Nutzung können Sie auf dem Berliner Bildungsserver (bics/LISUM) http://www.bics.be. schule.de finden. Von dort aus können Sie verschiedene Fächer auswählen oder zu „Grundschule" gehen (http://www.bics. be.schule.de/son/wir-in-berlin/).

---

[1] *Hypertexte* sind Textgebilde, die untereinander beliebig verbunden sind. Man kann sie über so genannte *Links* (= Verbindungen) anklicken, der Pfeil des *Cursors* (Mauszeigers) verwandelt sich dann z. B. in eine kleine Hand und der Leser gelangt zu einem neuen Dokument, das nicht hierarchisch in den vorangegangenen Text eingebunden ist. Vgl. dazu auch: Borrmann, Gerdzen: Vernetzes Lernen – Hypertexte, Homepages & ... ... was man im Unterricht damit anfangen kann, Ernst Klett Verlag, Stuttgart 1998.

2 Früh beginnen

Béatrice Martin-Kauder

Der Computer – Gegenstand früher sprachlicher Betrachtung

Französisch als Begegnungssprache wird in einigen Bundesländern schon ab der ersten Klasse, häufig ab der dritten Klasse unterrichtet. Sprache wird hier spielerisch durch Bilder, Lieder, Bewegung und Handlung vermittelt. Der Computer ist Teil der Lebens-, Spiel- und Lernwelt dieser Altersstufe. In zunehmend mehr Grundschulklassen gibt es Computer im Klassenraum. Meist sind sie eingerichtet für einfache Textverarbeitung, seltener gibt es einen Telefonanschluss und Internetzugang. Die beiden folgenden Arbeitsblätter mit praxisorientierten einfachen Wendungen und einer Bildgeschichte zum Transfer der erlernten Lexik (siehe auch das Glossar auf S. 53–55) sollen erste Begriffe im Umgang mit dem Computer anschaulich vermitteln. Die Kinder zeigen und benennen die Teile eines Rechners und verbalisieren die wesentlichen Funktionen. Sie schneiden aus, kleben auf und rekonstruieren die Bestandteile zur Sicherung der Lernziele. Und wer Lust auf mehr hat, zu Hause oder in der Schule, kann www.momes.net anklicken, um schnell *les premiers pas sur internet* zu erlernen.

Sehen, zuordnen, benennen: l'ordinateur – fiche de travail (1)

- **Découpe les différentes parties et reconstitue l'ordinateur sur une autre feuille.**
  (Schneide die Teile aus und gestalte daraus auf einem anderen Blatt einen Computerarbeitsplatz.)

- **Tu peux aussi écrire le nom correspondant à côté de chaque numéro, si tu veux.**
  (Du kannst auch das passende französische Wort neben die entsprechende Nummer schreiben, wenn du magst.)

1. l'écran *m*
2. les enceintes *f*
3. le clavier *m*
4. l'imprimante *f*
5. la souris *f*
6. les écouteurs *m*
7. le câble
8. l'ordinateur *m*
   (= le boîtier +
   … l'unité centrale)

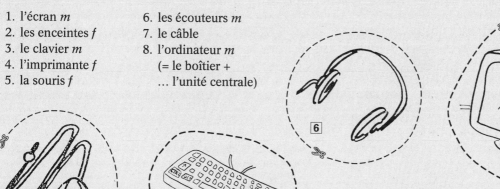
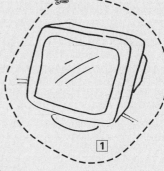
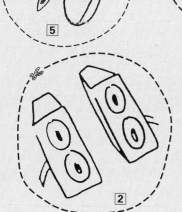

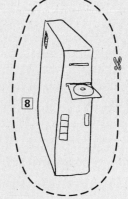

10 Früh beginnen

Sehen, zuordnen, benennen:
l'ordinateur – fiche de travail (2)

- Regarde la bande dessinée ci-dessous et donne aux phrases les numéros de l'image correspondante.
  (Betrachte die Bildgeschichte und nummeriere entsprechend die unten stehenden Sätze.)

○ Pour commencer, je regarde si tout est branché.

○ Mince, il y a un bogue, ça ne marche plus …

○ Voilà, je tape sur la touche retour.

○ Ah non ! Heureusement je l'ai sauvegardé avant !

○ Maintenant, ça remarche …Voilà, je peux imprimer cette page.

○ Je tape mon texte, je fais un dessin, puis j'enregistre sur une disquette.

○ Et je crois que j'ai effacé le fichier … !!!

○ J'allume l'ordinateur …Voilà, je le mets en marche.

○ Je suis vraiment une grande informaticienne !!!

○ Puis, je clique sur l'icône pour démarrer le programme.

Grundbegriffe für den Einstieg in die Computerarbeit im Französischunterricht (1)

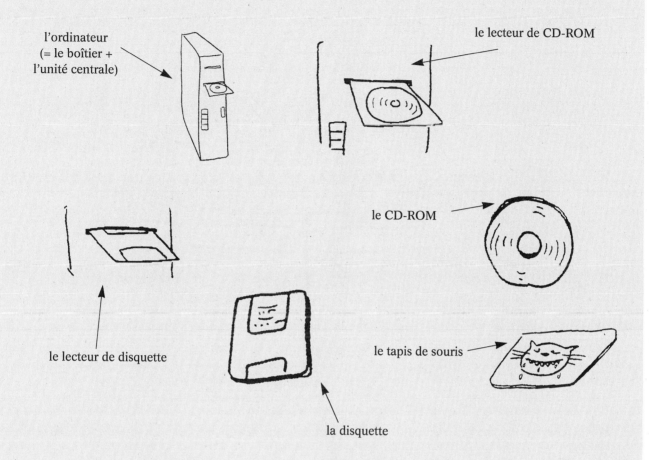

Comment faire ?

- D'abord, il faut brancher les appareils : l'ordinateur et les périphériques (écran, clavier, souris, écouteurs, imprimante ...).
- Pour démarrer le programme, tu cliques sur l'icône du programme souhaité à l'aide de la souris (touche gauche).
- Tu tapes sur les différentes touches pour écrire un texte. Tu peux sélectionner un mot ou un texte pour l'écrire en gras ou en italique.
- Tu peux mettre le texte en mémoire et le sauvegarder sur une disquette. Fais attention à ne pas effacer un fichier déjà existant.
- Tu quittes le programme en fermant les différentes fenêtres en cliquant sur la croix en haut à droite de l'écran.
- Quand tu as fini, tu éteins l'ordinateur.

allumer/mettre (l'ordinateur) en marche (Computer) starten
brancher (les appareils) (Geräte) anschließen
cliquer (sur l'icône) (Bildsymbol) anklicken
démarrer (le programme) (Programm) starten
écrire en gras fett schreiben
écrire en italique kursiv schreiben
effacer (un fichier) (Datei) löschen

éteindre (l'ordinateur) (Computer) herunterfahren
fermer (une fenêtre) (Fenster) schließen
mettre en mémoire speichern
sauvegarder (sur une diquette) (auf Diskette) speichern
sélectionner (un mot, une phrase)
      ein Wort, einen Satz markieren
taper (sur une touche) (Taste) drücken

Grundbegriffe für den Einstieg in die Computerarbeit im Französischunterricht (2)

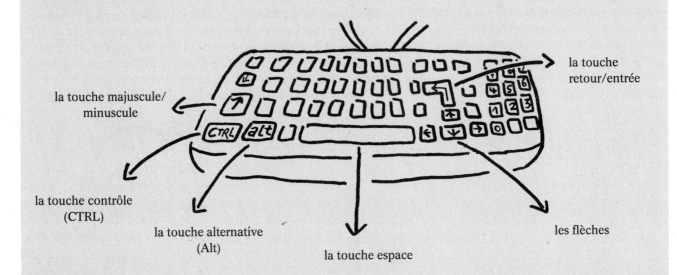

LE CLAVIER

- la touche retour/entrée
- la touche majuscule/minuscule
- la touche contrôle (CTRL)
- la touche alternative (Alt)
- la touche espace
- les flèches

Comment dire ?

- Pour écrire la première lettre de ton prénom, tu tapes sur la touche majuscule.
- Pour aller à la ligne, tu tapes sur la touche retour.
- La touche contrôle se combine avec une autre touche (CTRL + X = couper un mot/texte, CTRL + C = copier un mot/texte, CTRL + V = coller = le mettre à une autre place).
- La touche alternative se combine aussi avec une autre touche
  (Alt + chiffres à droite du clavier 0231 = ç; Alt + chiffres 0199 = Ç; Alt + 0171 = «; Alt + 0187 = »).
- Pour laisser un espace entre deux mots, tu tapes sur la touche espace.
- Pour déplacer le curseur, tu utilises soit les flèches, soit la souris.

3 Überblick gewinnen

Andreas Grünewald

Im folgenden Artikel stehen nicht die theoretischen Aspekte des Interneteinsatzes im Französischunterricht, sondern die konkrete Umsetzung im Mittelpunkt der Ausführungen. Das *World Wide Web* bietet vielseitige Möglichkeiten zur raschen weltweiten Verbreitung von Informationen. Es schafft neue Interaktions- und Kommunikationsformen, beeinflusst das Privat- und Arbeitsleben und verändert auch den Schulunterricht. Das Internet wird in zunehmendem Maße zum Speicher und Verteiler von Lehrinhalten und didaktisierten sowie authentischen Materialien.

Die Nutzung des Internets sollte möglichst in einen unterrichtlichen Zusammenhang gestellt werden. Dadurch macht die Arbeit mit dem Internet nicht nur Spaß, sondern sie hilft uns auch, konkrete fremdsprachliche Lernziele zu erreichen (Training von Lesestrategien, Erweiterung des Wortschatzes, landeskundliche Recherchen usw.).

Lesestrategien

Das Internet und der PC haben ihre Rolle als zusätzliche Bereicherung des Fremdsprachenunterrichts (FSU) gefestigt. Gerade im FSU stellt der Einsatz des Internets an die Lernenden große Anforderungen:
- rasche Bewertung von Informationen in der Fremdsprache,
- sprachliche Probleme können die Auseinandersetzung mit Inhalten behindern,
- Begriffsprobleme erschweren den Zugang zu Informationen.

Gerade deshalb eignet sich die Arbeit mit dem Internet sehr gut, um **Lesestrategien** zu trainieren und die Schüler/innen dazu zu bewegen, spezifische Informationen aus authentischen Texten zu entnehmen, auch wenn sie Schwierigkeiten mit einzelnen Vokabeln haben. Auf diese Weise lassen sich die Schüler/innen auch auf schwierigere Texte ein und lernen, dass man sich den Sinn eines Textes nicht nur erschließen kann, wenn man jedes Wort versteht.

Elektronisches Wörterbuch zur Unterstützung der Internetrecherche

Es gibt sicherlich Umstände, die den Einsatz eines elektronischen Wörterbuches nicht sinnvoll erscheinen lassen: z. B. beim Training von Texterschließungsstrategien, beim Üben von Globalverständnis etc. In diesem Kontext möchten wir die Schülerinnen und Schüler ja gerade dazu bringen, nicht jedes Wort nachzuschlagen, sondern Sinnzusammenhänge zu erkennen.
Bei Internetrecherchen, bei denen sich die Schüler/innen selbstverständlich auf authentischen Seiten bewegen und bei denen die Verständnisschwierigkeiten nicht den Zugang zu den Informationen blockieren sollen, ist der Einsatz des elektronischen Wörterbuches aber eine wirkliche Bereicherung.

Die Software *Pons Lexiface Französisch* (www.pons.de) arbeitet im Hintergrund während einer Internetrecherche und sucht ständig die Bedeutung der Wörter der gerade besuchten Website heraus, um bei Bedarf eine Übersetzung anbieten zu können. Verweilt der Schüler mit der Maus auf einem ihm unbekannten Wort, wird augenblicklich der dazugehörige Wörterbucheintrag in einem PopUp-Fenster angezeigt. Mit der neben dem Wörterbucheintrag eingeblendeten Option „Mehr" öffnet sich in einem weiteren Fenster dann auf Wunsch auch der komplette Wörterbucheintrag. Bei bis zu 250.000 Wörterbucheinträgen hilft dies über die meisten Verständnisschwierigkeiten hinweg. Das Wörterbuch lässt sich übrigens auch in jeder anderen Anwendung auf dem Computer einsetzen und darüber hinaus funktioniert es natürlich wie ein ganz normales elektronisches Wörterbuch: in einer Suchmaske lassen sich Stichwörter eingeben, die zu dem entsprechenden Wörterbucheintrag führen. Übrigens kann man unter der gleichen Oberfläche weitere Wörterbücher anderer Sprachen installieren – ein wirklich brauchbares Werkzeug zur Internetrecherche.

Offline-Arbeit

Computer ohne Internetzugang? Langsame Internetverbindung in der Schule? Leider ist die Nutzung des Internets an den Schulen nicht so sicher und technisch perfekt, wie dies wünschenswert wäre. Häufig sind die Räume blockiert oder das Netz bricht zusammen. Der zeitraubende Rückzug ins Klassenzimmer muss angetreten werden.
Es gibt allerdings Möglichkeiten, diesen technischen Widrigkeiten zu begegnen: Internetaufgaben, die man zuvor auf dem Schulserver gespeichert hat oder die man auf einer 3,5'-Diskette bereithält. Der Lehrer / Die Lehrerin erstellt bei diesem Aufgabentyp eine Seite mit einem Html-Editor oder einem Textverarbeitungsprogramm, auf dem sich die Aufgaben und die

„Wir müssen leider draußen bleiben"

14 Überblick gewinnen

Links zu den entsprechenden Webseiten befinden. Die in Frage kommenden Webseiten muss man vorher aus dem Internet mit dem Browser gespeichert haben. Hat man erst einmal die Seiten recherchiert, die den Schülern zur Verfügung gestellt werden sollen, klickt man auf die Menüauswahl „Datei", „Speichern unter" und speichert die Webseite in einem zuvor angelegten Ordner. Dabei übernimmt man entweder den vorgeschlagenen Dateinamen oder man kann einen eigenen eingeben. Auf diese Art werden auch die Bilder und Animationen gespeichert. Nun muss eine (oder mehrere) eigene Aufgabenseite geschrieben und als „Html"-Dokument gespeichert werden. Dazu kann man ein einfaches Arbeitsblatt in Word erstellen, das dann als „Html"-Dokument gespeichert wird (im Menü „Datei", „Als Webseite speichern" auswählen und den gleichen Ordner angeben, in dem sich die zuvor gespeicherten Webseiten befinden). Dann werden die Seiten noch miteinander verbunden (Hyperlinks: Sie markieren eine entsprechende Frage auf dem Aufgabenblatt, wählen aus dem Menü „Einfügen" den Eintrag „Hyperlink" aus und wählen als Zieldatei die dazugehörige, zuvor auf der Festplatte gespeicherte Webseite aus). Schließlich muss nur noch der gesamte Ordner (Webseiten und Aufgabenseite) auf Diskette gespeichert werden und nun kann die Internetaufgabe als „Offlineversion" in die Schule transportiert werden.

Die gespeicherten Seiten brauchen erstaunlich wenig Platz. Im Prinzip befinden sich die Schüler/innen auf einer Art Intranet. Daraus entsteht der Vorteil, dass es den Schülerinnen und Schülern unmöglich ist zu „surfen", da sie *offline* arbeiten. Die Seiten sind den Schülerinnen und Schülern auch dann zugänglich, wenn die Internetverbindung streikt, da sie ja vorher gespeichert wurden. Diese Vorgehensweise empfiehlt sich aber lediglich für geschlossene und angeleitete Aufgabenstellungen. Die Schüler/innen haben nämlich nicht die Möglichkeit, auf andere als von Ihnen zur Verfügung gestellte Seiten zuzugreifen.

Ein praktisches Werkzeug um Webseiten auch *offline* lesen zu können: *Memo Web*

Surfen im Internet ist eine kurzweilige Angelegenheit. Die Zuverlässigkeit von Linkangaben ist problematisch, weil deren Gültigkeit meist nur sehr kurze Zeit währt. Täglich werden zahlreiche neue Seiten ins Netz gestellt, aber ebenso viele werden auch abgeschaltet. Hat man also erst einmal eine großartige Seite ermittelt, Arbeitsblätter für eine Webrecherche erstellt und diese mit den Schülerinnen und Schülern durchgeführt, kann es sein, dass man schon bald eine böse Überraschung erlebt: Die Seite ist nicht mehr vorhanden! Dagegen kann man etwas unternehmen. Es gibt kostenlose Software, die Webseiten und sogar ganze Websites offline verfügbar macht. Sie können ein solches Archiv dann sogar auf CD oder Diskette speichern und haben so

noch auf lange Sicht die Website zu ihrer Verfügung. Sie können sich das kostenlose Programm unter folgender Internetadresse herunterladen ▶ http://www.goto.fr/fr/hpint.htm (Version d'évaluation). Nach dem Download müssen Sie auf die heruntergeladene Datei doppelklicken. Daraufhin wird der Installationsprozess gestartet.

Mit *Memo Web* lassen sich gezielt Informationen einer Internet-Seite abrufen, die Sie dann in aller Ruhe *offline*, das heißt ohne eine Verbindung zum Internet, durchstöbern können. Das Praktische an *Memo Web* sind die vielfältigen Optionen, mit denen Sie das Überspielen von Internet-Seiten steuern. So können Sie festlegen, welche Dateien (Grafiken, Videos, Java-Anwendungen, Sounds oder EXE- und ZIP-Dateien; siehe Abbildungen 2 und 4) überspielt werden sollen. Noch wichtiger ist die Möglichkeit, die Zahl der zu berücksichtigenden Ebenen interner und externer Verknüpfungen (Links) festzulegen (Abbildung 3).
Das heißt, es kann eingestellt werden, ob auch die Seiten, auf die von der Ausgangsseite aus verwiesen wird, überspielt werden sollen. Darüber hinaus lässt sich einstellen, nach welcher Zeit die Übertragung abgebrochen werden soll oder wie viele Megabytes heruntergeladen werden sollen (Abbildung 4). Sind alle Eckdaten festgelegt, stellt *Memo Web* eine Verbindung zum Internet her, beginnt mit dem Überspielen der Informationen und unterbricht die Internet-Verbindung wieder. Dann listet das Programm fein säuberlich alle Daten, getrennt nach Datentypen (HTML-Seiten, Grafiken usw.) auf, die Sie in aller Ruhe betrachten können. Ist das Verfahren an sich schon recht praktisch, bietet *Memo Web* zudem die Möglichkeit, einmal bereits „eingefangene" Internet-Seiten auf Aktualisierungen zu überprüfen.
Dabei werden nur die Dateien überspielt, die sich gegenüber den lokal gespeicherten Informationen verändert haben.
Nachdem das Programm gestartet ist, muss lediglich die Adresse der Website eingegeben werden (Abbildung 1) und es kann losgehen. Für Nutzer mit speziellen Anforderungen können weitere Einstellungen vorgenommen werden (vergleiche Abb. 1–4):

Abbildung 1

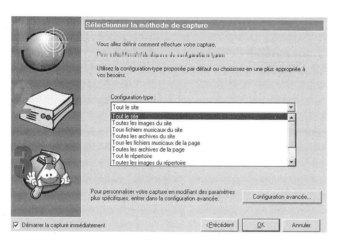

Abbildung 2

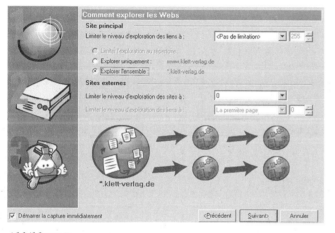

Abbildung 3

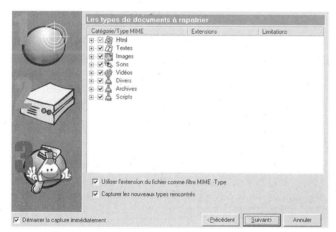

Abbildung 4

Internetrecherche in der Sekundarstufe I – Ergänzende Internetaufgaben zu den Lehrwerken *Découvertes* und *Ensemble*

A Réservez votre billet de train

Der Ernst Klett Verlag (http://www.klett-verlag.de) bietet unter der Rubrik *WebActif*[1] zusätzliche kostenpflichtige und kostenlose Internetaufgaben an, die inhaltlich auf die Lektionen der Lehrwerke *Découvertes* und *Ensemble* abgestimmt sind. Dabei sind die Arbeitsanweisungen in den Aufgaben zum ersten Band der Lehrwerke auf Französisch, liegen jedoch auch in deutscher Übersetzung vor.

Um die Rechercheaufgabe zu *Découvertes, Band 1, Lektion 9* zu lösen (siehe Arbeitsblätter 1/2, S. 16), müssen die Schüler/innen beispielsweise eine Datenbank bedienen (Fahrplanauskunft). Sie lernen selbstständig einem Online-Angebot Informationen zu entnehmen. Sie sollen eine Zugverbindung von Berlin nach Paris und zurück ermitteln. Ankunftsort und Ziel sowie die Fahrtzeiten können selbstverständlich individualisiert werden. Die in der Aufgabe angegebenen Orte und Zeiten sollen lediglich ein nachvollziehbares Ergebnis erbringen.

Die Schüler/innen sollen die gewonnenen Informationen zusammen mit einem Partner / einer Partnerin in einem Dialog verwenden. Diese Aufgabe knüpft an *Découvertes 1*, Seite 79, Aufgabe 3 an. Während der Erstellung des Dialoges sollte der Lehrer / die Lehrerin moderierend Hilfestellung leisten.

Durch den Vergleich der Ergebnisse und den Vortrag des Dialoges werden die Zeitangaben wiederholt.

Die abschließende Frage dient der Sensibilisierung der Schüler/innen für die Qualität von Informationen aus dem Internet. Die Bewertung der Informationen fällt leichter, wenn man weiß, wer mit welcher Motivation die Webseite zur Verfügung stellt. Sie sollten mit den Schülerinnen und Schülern diesen Punkt immer im Auge behalten.

Die Lösungen zu dieser Aufgabe kann auf den Webseiten des Ernst Klett Verlags heruntergeladen werden. Bisher gibt es zu allen Lektionen der Bände 1 und 2 passende Internetaufgaben.

---

[1] Die Internetaufgaben zu den Lehrwerken können Sie sich beim Ernst Klett Verlag herunterladen: http://www.klett-verlag.de ▸ „Französisch" auswählen ▸ Internetprojekte „WebActif" auswählen. Dort finden sich auch die Lösungen zu diesen Aufgaben.

16 Überblick gewinnen

Réservez votre billet de train
(Fahrkarten-Reservierungen)

Verwendete URL: http://www.voyages-sncf.com/dynamic/_SvHomePage?_DLG=SvHomePage&_CMD=cmdConsultTimetable

Découvertes 1
Serie verte
Arbeitsblatt 1 **9**

[Formular mit Feldern: Abfahrtsort, Ankunfts-/Zielort, Datum, ungefähre Abfahrtszeit]

Tu veux rendre visite à ta correspondante française / à ton correspondant français. Tu prends le train de Berlin à Paris. Tu pars le vendredi 1er juin vers 9 heures et tu rentres le 8 juin 2001.
Branche-toi sur http://www.voyages-sncf.com/dynamic/_SvHomePage?_DLG=SvHomePage&_CMD=cmdConsultTimetable et cherche un train pour aller à Paris. S'il y a plusieurs trains, décide-toi pour la correspondance la plus courte.
Ensuite réponds aux questions suivantes:

(Du möchtest deine französische Austauschschülerin/deinen französischen Austauschschüler besuchen. Du fährst mit dem Zug von Berlin nach Paris. Du fährst am Freitag, den 1. Juni gegen 9 Uhr los und kommst am 8. Juni 2001 zurück. Gehe auf die Seite http://www.voyages-sncf.com/dynamic/_SvHomePage?_DLG=SvHomePage&_CMD=cmdConsultTimetable und suche einen Zug nach Paris. Wenn es mehrere Züge gibt, nimm die kürzeste Verbindung. Beantworte dann die folgenden Fragen:)

1. De quelle gare est-ce que le train part?
   (Von welchem Bahnhof fährt der Zug ab?)

   _____

2. Où est-ce qu'il arrive?
   (Wo kommt er an?)

   _____

3. Quelle est la durée du trajet? (aller et retour)
   (Wie lange dauert die Fahrt (Hin und zurück))?

   _____
   _____

Quelle: http://www.klett-verlag.de
Verwendete URL: http://www.voyages-sncf.com/dynamic/_SvHomePage?_DLG=SvHomePage&_CMD=cmdConsultTimetable
© Ernst Klett Verlag GmbH, Stuttgart 2001. Von diesen Vorlagen ist die Vervielfältigung für den eigenen Unterrichtsgebrauch gestattet. Die Kopiergebühren sind abgegolten.

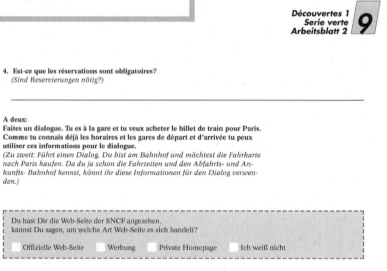

Découvertes 1
Serie verte
Arbeitsblatt 2 **9**

4. Est-ce que les réservations sont obligatoires?
   (Sind Reservierungen nötig?)

   _____

A deux:
Faites un dialogue. Tu es à la gare et tu veux acheter le billet de train pour Paris. Comme tu connais déjà les horaires et les gares de départ et d'arrivée tu peux utiliser ces informations pour le dialogue.
(Zu zweit: Führt einen Dialog. Du bist am Bahnhof und möchtest die Fahrkarte nach Paris kaufen. Da du ja schon die Fahrzeiten und den Abfahrts- und Ankunfts- Bahnhof kennst, könnt ihr diese Informationen für den Dialog verwenden.)

Du hast Dir die Web-Seite der SNCF angesehen, kannst Du sagen, um welche Art Web-Seite es sich handelt?
☐ Offizielle Web-Seite ☐ Werbung ☐ Private Homepage ☐ Ich weiß nicht

B Présentation de son école dans une lettre

In dieser Übung sollen die Schüler/innen unter Anleitung einen persönlichen Brief schreiben (siehe Arbeitsblätter 1/2). Ziel ist es, über den eigenen Schulalltag zu berichten. Dabei bekommen sie Fragen gestellt, deren Antwort sie als Textbausteine für den Brief verwenden können. Diese Übung knüpft an *Ensemble 1*, Seite 72, Aufgabe 6 an.
Die Internet-Site gibt Formulierungshilfen und hält eine Liste der Schulfächer parat. Die Briefe sollten im Textverarbeitungsprogramm auf dem PC abgefasst werden. Es bietet sich an, an dieser Stelle einige Möglichkeiten der nicht immer verlässlichen französischen Korrekturhilfe (Standard ab Word 97) den Schülerinnen und Schülern zu erklären. Einige Ergebnisse können in der Klasse vorgetragen werden. Manche „Briefbausteine" sollten in Form einer Liste gesichert und in der Klasse als Wandzeitung ausgehängt werden.
Die abschließende Frage ist auch hier der Sensibilisierung für die Qualität der aus dem Internet gewonnenen Informationen gedacht.

---

8 Ensemble 1 — Arbeitsblatt 2

4. Quelles sont les trois matières que tu préfères?
(Welche drei Fächer magst du am liebsten?)

5. Donne le nom de trois matières que tu n'aimes pas.
(Nenne drei Fächer, die du nicht magst.)

6. Tu as de bons résultats?
(Hast du gute Noten?)

7. Qu'est-ce que tu préfères à l'école?
(Was gefällt dir am besten an der Schule?)

8. Parle de tes trois profs préférés.
(Sprich von deinen drei Lieblingslehrern)

Tu pourrais finir par:
(Du könntest abschließen mit:)

> J'espère que cet...
> plaisir. J'attends
> avec impatience...
>
> Amicalement, ..

Du hast Dir die Web-Seite «L'image» angesehen, ka[nn]...
um welche Art Web-Seite es sich handelt?
☐ Offizielle Web-Seite   ☐ Werbung   ☐ Priva[t]

Quelle: http://www.klett-verlag.de   Présentation de son école dans une lettre: http://www.e...
© Ernst Klett Verlag GmbH, Stuttgart 2001. Von diesen Vorlagen ist die Vervielfältigung für de[n...]
Die Kopiergebühren sind abgegolten.

---

8 Ensemble 1 — Arbeitsblatt 1

Présentation de son école dans une lettre
(Vorstellung der eigenen Schule in einem kurzen Brief nach Anleitung)
Verwendete URL: http://www.esp.educ.uva.nl/Image-FR/pletter3.htm

Dans cet exercice, tu vas écrire une lettre. Dans cette lettre, tu vas parler de ton école. Branche-toi sur http://www.esp.educ.uva.nl/Image-FR/pletter3.htm et tu trouveras des informations et du vocabulaire qui vont t'aider à écrire la lettre. Utilise le traitement de texte de ton ordinateur pour écrire la lettre!
(In dieser Übung wirst du einen Brief schreiben. In diesem Brief wirst du von deiner Schule berichten. Gehe auf die Seite http://www.esp.educ.uva.nl/Image-FR/pletter3.htm. Dort findest du Informationen und Vokabeln, die dir helfen werden, den Brief zu schreiben. Benutze das Textverarbeitungsprogramm deines Computers um den Brief zu schreiben.)

Construis ta lettre.
Tu pourrais commencer par:
(Baue deinen Brief auf.
Du könntest anfangen mit:)

> Salut / Bonjour ...!
>
> Merci pour ta lettre. Cela m'a fait plaisir de la lire. Dans cette lettre je vais te parler de mon école.

Utilise les réponses aux questions suivantes pour écrire ta lettre.
(Verwende die Antworten auf folgende Fragen um den Brief zu schreiben.)

1. Il y a combien d'élèves dans ton école?
(Wie viele Schüler gibt es an deiner Schule?)

2. Tu as combien de matières?
(Wie viele Fächer hast du?)

3. Tu restes combien de temps à l'école chaque jour?
(Le lundi, je suis à l'école de ... à ... Le mardi...)
(Wie lange bist du jeden Tag in der Schule:
montags bin ich in der Schule von ... bis ..., dienstags ...)

Internetrecherche in der Sekundarstufe II

Die Aufgabenstellungen für fortgeschrittene Lerner können sehr viel freier sein. Im vorliegenden Beispiel geht es um die Beantwortung von Fragen zum Film *La Haine* und zu dessen Regisseur Mathieu Kassovitz (siehe Arbeitsblatt S. 19).

Kassovitz zeigt in diesem Film 24 Stunden aus dem Leben von drei jungen Männern aus der *Cité*, einer trostlosen Betontrabantenstadt an der Peripherie von Paris. Hier sammeln sich sozial schwache Gruppen, die wegen der niedrigen Mieten in diese Wohnghettos abgedrängt wurden: Arbeiter, Kinderreiche, Immigranten, Araber, Farbige. Die Bilder, in schwarz-weiß aufgenommen, machen die grauen Vorstädte in der Pariser Umgebung noch bedrückender.

Der Film eignet sich zur Arbeit im Französischunterricht der Sekundarstufe II, da er auf bedrückende Weise Gesellschaftskritik äußert und den Rezipienten auch zur Auseinandersetzung mit eigenen Wertvorstellungen auffordert.

Der Mangel an Zukunftsperspektiven, das trostlose Leben in der *banlieue* und die Darstellung von gewalttätigen Übergriffen der Polizei provozieren und schockieren. Der Film liefert eine außergewöhnlich wirklichkeitsgetreue Darstellung der Lebenssituation der heutigen französischen Jugend in den Stadtrandgebieten von Paris.

Weitere Informationen zum Film im Internet:
- http://www.france.com/mag/cinema/lahaine/index.html
- http://www.chez.com/cinecerama/dvd_lahaine.html
- http://www.mathieukassovitz.com/haine/index.htm
- http://instruct1.cit.cornell.edu/courses/frrom305/films/films.html

Der Film ist sprachlich sehr schwierig zu verstehen, da er die Umgangssprache der Jugendlichen in der *Cité* wiedergibt. Bei der Vorführung des Films von DVD hat man jedoch die Möglichkeit, französische oder deutsche Untertitel einzublenden (Der Film kann als DVD bezogen werden bei Lingua-Video.com, Peter-Moll-Weg 6, 53639 Königswinter, http://www.lingua-video.com).

Fiche de travail : LA HAINE

Branche-toi sur http://www.mathieukassovitz.com/
et réponds aux questions suivantes :

1. Quand et où est-ce que Mathieu Kassovitz est né ?
2. Quand a-t-il tourné son premier long-métrage ? Quel en est le titre ?
3. En quelle année est-ce qu'il a réalisé *La haine* ?
4. Dans quel film a-t-il joué son dernier rôle en tant que comédien ?
5. Comment s'appellent les trois protagonistes dans *La haine* ? Comment s'appellent-ils en réalité ?

**Clique sur ▶ *Filmographie* et ensuite sur ▶ *La haine*.
En cliquant sur ▶ *Photos* tu trouveras des photos du film.
Regarde-les et choisis la photo que tu préfères !**

6. Décris la photo ! Qu'est-ce que tu ressens en regardant la photo ?
7. Branche-toi sur http://www.chez.com/cinecerama/dvd_lahaine.html et fais un petit résumé du film.
8. « *Je me souviens dans l'état où j'étais après avoir vu ce film: j'étais terriblement mal à l'aise, et c'était une sensation indéfinissable.* »
Ce sont les mots de l'auteur du site. Qu'est-ce que tu as ressenti en regardant le film ?

Branche-toi sur le site http://instruct1.cit.cornell.edu/courses/frrom305/films/films.html **et clique sur ▶ *La haine*.
Réponds aux questions suivantes.**

9. Quel est le thème le plus important du film ?
10. Est-ce que le film donne une image positive ou négative de la police ?

Pour aller plus loin:

11. A votre avis, pourquoi Kassovitz a-t-il filmé en noir et blanc ?
12. L'histoire ne se déroule que sur 24 heures : pourquoi ? Par quel moyen le réalisateur indique-t-il le déroulement dans le temps ?
13. Le dénouement vous semble-t-il approprié ? Pourquoi (pas) ?
14. Pourquoi Kassovitz a-t-il choisi ces trois héros ?
15. Quelles critiques pourrait-on formuler à l'encontre du film ?
16. Penses-tu que le sujet du film est un sujet d'actualité ?
17. La critique sociale – exprimée par exemple dans les premiers et dans les derniers mots du film – te semble-t-elle justifiée ?

*C'est l'histoire d'un mec qui tombe d'un immeuble de cinquante étages.
A chaque étage, au fur et à mesure de sa chute,
le mec n'arrête pas de se répéter:
Jusqu' ici tout va bien,
Jusqu' ici tout va bien,
Jusqu' ici tout va bien.
Tout ça, c'est pour dire que l'important,
c'est pas la chute, c'est l'atterrissage.*

...

*C'est l'histoire d'une société qui tombe,
au fur et à mesure de sa chute,
la société n'arrête pas de se rassurer
Jusqu' ici tout va bien,
Jusqu' ici tout va bien,
Jusqu' ici tout va bien.
Tout ça, c'est pour dire que l'important,
c'est pas la chute, c'est l'atterrissage.*

Standbilder aus: « La haine »

4 Internet im Anfangsunterricht

Astrid Hillenbrand

« Visitons Julien et ses amis de la rue Daguerre »

Können Schüler/innen im ersten Lernjahr bereits mit frankophonen Webseiten umgehen oder stellt die Beschäftigung mit dem Internet auf diesem Niveau eine Überforderung dar, die letztlich entmutigt? Die folgende Unterrichtsidee soll exemplarisch zeigen, wie bereits junge Schüler/innen sich französischer Seiten spielerisch und entdeckend bedienen können, wenn auch das passive und das globale Verständnis der Zielsprache als Lernziel zugelassen wird. In der Einheit werden die *Rue Daguerre* und die nahe gelegene *Tour Montparnasse*, zentrale Lehrbuchorte von *Découvertes 1*, erkundet.

Rahmenbedingungen

Die siebte Klasse, mit der die Einheit erstmals durchgeführt wurde, befand sich zum Zeitpunkt der Erprobung etwa bei Lektion 6 von *Découvertes 1*. Die Schüler/innen verfügten über Grundkenntnisse im Umgang mit dem Internet, sodass sie im Computerraum auch problemlos mit der bereitgestellten HTML-Seite umgehen konnten. Als zusätzliches Arbeitsmaterial sollten Schreibzeug, Hefte und Schulbücher in den Computerraum mitgebracht werden, wo ein PC für zwei bis drei Schüler/innen zur Verfügung stand.
Die Bearbeitung der Seite lässt sich in einer Unterrichtsstunde bewältigen; je nach Arbeitstempo der Schüler/innen kann die Besprechung der Ergebnisse während der Stunde oder in der darauf folgenden Stunde stattfinden.
Grundsätzlich gilt für die Arbeit, dass Deutsch als Sprache ausdrücklich zugelassen wird – Fragen, die auf Deutsch gestellt sind, dürfen auch deutsch beantwortet werden. Fragen, die auf Französisch gestellt sind, müssen von den Schülerinnen und Schülern in französischer Sprache beantwortet werden.

Inhaltlicher Aufbau

Die Einheit ist in drei thematische Teilbereiche gegliedert, die die Schüler/innen der Reihe nach bearbeiten.

1. Où se trouve la rue Daguerre ?

Zum Einstieg soll zunächst einmal die Lage der *Rue Daguerre* innerhalb von Paris bestimmt werden. Bei dieser einfachen Übung kommen die Schüler/innen zum ersten Mal in Kontakt mit einer französischen Webseite und deren Funktionen (vgl. S. 22, Internetadressen). Durch die genaue Erklärung der Bedienung können sie sofort zu einem Ergebnis gelangen, was sie für die weitere Arbeit ermutigen kann. In der (fakultativen) abschließenden Übung soll anhand eines Ausschnitts aus einem interaktiven Pariser Stadtplan eine französische Wegbeschreibung erstellt werden.

2. Faisons un tour dans le quartier

Anhand der *Pages jaunes* (s. S. 22, Internetadressen) können sich die Schüler/innen nun zunächst frei in der *Rue Daguerre* bewegen, um den Umgang mit der Seite zu erproben. Im Anschluss daran sollen auf Französisch konkrete Fragen beantwortet werden, die auch den Bezug zum Lehrwerk erkennen lassen, z. B.

- *Comment s'appelle la boucherie ?*
- *Comment s'appelle la poissonnerie ? Donne le numéro de téléphone.*
- *Comment s'appelle le magasin qui se trouve 10, rue Daguerre ?*
- *Où est la parfumerie et comment s'appelle-t-elle ?*
- *Est-ce qu'il y a un café dans la rue Daguerre ? Si oui, où est-il et comment s'appelle-t-il ?*

Das Entdecken der Lehrbuchorte bereitet den Schülern / Schülerinnen große Freude und verleiht dem stark lehrbuchgelenkten Unterricht einen realistischen Hintergrund. Im Anschluss an die Bearbeitung der Frage können die Ergebnisse in der Klasse verglichen werden. Zur Überprüfung kann der Lehrer / die Lehrerin auch noch einmal einige Seiten per Beamer zeigen.

3. Regardons les démonstrations de slalom devant la tour Montparnasse

Im letzten Schritt sollen die Schüler/innen die Seiten der *Tour Montparnasse* entdecken. Hierbei wird v. a. globales und passives Verstehen gefördert, um den Schülerinnen und Schülern zu zeigen, dass sie trotz geringer Kenntnisse bereits zum Umgang mit französischen Webseiten fähig sind. Fragen nach der Zahl der Stockwerke des Hochhauses können z. B. durch das bloße Erkennen des Ausdrucks *étage* im Text beantwortet werden.

Der Panoramablick von der *Tour Montparnasse* auf Paris schließt die Arbeit ab und könnte vielleicht durch Hinweise des Lehrers/der Lehrerin auf zu erkennende Sehenswürdigkeiten noch ergänzt werden.

Lernziele

Die Erkundung der *Rue Daguerre* im Internet erzeugt im Unterricht vor allen Dingen Authentizität und bringt Anfänger dazu, sich aktiv und unmittelbar mit dem Zielland auseinanderzusetzen. Das Internet ermöglicht so also bereits früh eine Abkehr von der täglichen künstlich anmutenden Unterrichtssituation, in der meistens germanophone Sprecher miteinander französisch sprechen. Die simple Feststellung, dass Lehrbuchorte in der Realität erfahrbar werden, kann jungen Schülerinnen und Schülern als praktischer Beweis für den Nutzen der täglichen Arbeit im Unterricht dienen und so die Motivation fördern.
Zudem wird ein Transfer bereits bestehender Kenntnisse in kleinen fremdsprachlichen Übungen ermöglicht.

Praktischer Tipp

Gerade jüngere Schüler/innen haben mit der Verarbeitung von Informationen im Internet noch manchmal Probleme: zu groß ist die Reizüberflutung, die das Internet bietet. Die Folge ist, dass Seiten oft schnell wieder weggeklickt werden, ohne überhaupt verarbeitet zu werden. Bei dieser Einheit besteht die Gefahr, dass die Arbeitsanweisungen, die sich auf dem Bildschirm befinden, nicht genau genug gelesen werden und die Schüler/innen deshalb nicht zu befriedigenden Ergebnissen kommen. Für den Lehrer/die Lehrerin bieten sich zwei Möglichkeiten an, um diesem Problem vorzubeugen:
- Vor dem Einschalten der Monitore werden die Unterrichtsziele gemeinsam besprochen und die in der Einheit verwendeten Seiten mit dem Beamer, falls vorhanden, kurz inhaltlich vorgestellt.
- Im Extremfall könnnte die HTML-Seite auch ausgedruckt und vervielfältigt werden, sodass sich die Schüler/innen nicht ausschließlich auf die Monitore konzentrieren müssen.

Internetadressen

Die beschriebenen Arbeitsanweisungen sind auf der Seite http://www.astrid-hillenbrand.de/daguerre/daguerremontparnasse.htm einsehbar und können im Unterricht verwendet werden.

Folgende Internetadressen wurden in die Aufgabenstellung miteinbezogen:
www.pagesjaunes.fr: Möglichkeit, Fotos ganzer Straßenzüge zu betrachten, da die Häuser, in denen sich bestimmte Unternehmen befinden, auch als Foto zu sehen sind. Daneben Angaben zu Unternehmen.
www.tourmontparnasse.fr: Seite der *Tour Montparnasse*; (momentan) noch gut für den Einsatz in jüngeren Klassen, da von geringem Umfang und einfach gestaltet.
www.ismap.com/geo/fpar.htm: interaktiver Stadtplan mit Suchfunktion.

5 Un voyage virtuel à Paris

Astrid Hillenbrand

Welcher Lehrer/Welche Lehrerin träumt nicht davon, seine/ihre Klasse zu Beginn einer Französischstunde mit der Ankündigung « *Aujourd'hui, on va à Paris !* » verblüffen zu können? In Zeiten des Internets ist dies möglich!
Die Unterrichtssequenz *Un voyage virtuel à Paris* entstand im Vorfeld einer tatsächlichen Paris-Reise, an der ein Teil einer 11. Klasse des Gymnasiums Wertingen in Bayern im Mai 2001 teilnehmen konnte. Um jedoch die zu Hause bleibenden Schüler/innen ebenfalls an dem Paris-Erlebnis teilhaben zu lassen und auch um die Reise inhaltlich vorzubereiten, wurde die sechstägige Exkursion einige Wochen vor der Abfahrt im Unterricht mit Unterstützung des Internets simuliert.

Technische Voraussetzungen

Am Gymnasium Wertingen stand der Klasse ein modern eingerichteter Computerraum mit Beamer und jeweils einem PC für zwei Schüler/innen zur Verfügung. Über den Internetzugang können Schüler/innen auf die Startseite des Projekts gelangen, die im Internet bereitgestellt ist[1]. Die Startseite enthält neben Hinweisen zum Ablauf der Reise den Zugang zu den verschiedenen Tagen und auch zu zahlreichen Arbeitsmaterialien wie z. B. Hausaufgaben und thematisch orientierten Wortschatzlisten.
Unabdingbar für die Durchführung des Projekts ist, dass Schüler/innen (und auch der Lehrer/die Lehrerin) über technische Grundkenntnisse im Umgang mit dem Internet und der gängigen Software (z. B. Textverarbeitungsprogramm) verfügen.
Etwa drei Viertel der Schüler/innen hatten einen privaten Internetzugang, den anderen wurde die Benutzung des Internets während der Pausen und am Nachmittag ermöglicht.

Screenshot der Seite
http://www.astrid-hillenbrand.de/frameparis.htm

Inhaltlicher Aufbau der Sequenz

Die Sequenz *Un voyage virtuel à Paris* umfasst sechs Einheiten, die jeweils einem virtuellen Tag entsprechen. Ein virtueller Tag erstreckt sich wiederum auf ca. zwei Unterrichtsstunden.
Innerhalb eines „virtuellen Tages" wird in einer ersten Stunde im Computerraum mit Hilfe von vorgegebenen Internetadressen und Fragekatalogen jeweils ein Tagesprogramm in einem bestimmten Viertel durchgeführt, das anschließend in einer zweiten Stunde in der Klasse noch einmal gemeinsam besprochen und „nacherlebt" wird. Das Charakteristische an diesem Projekt besteht darin, dass die Schüler/innen gemeinsam eine Reise *simulieren*, sich also vorstellen, sie würden tatsächlich einen Tag in Paris verbringen. Vor dem Beginn eines virtuellen Tages werden daher Gruppen eingeteilt, die sich mit unterschiedlichen Programmpunkten des Tages auseinandersetzen. Ein virtueller Tag hat in der Regel einen der folgenden Gliederung ähnlichen Aufbau:

- Beschreibung der aktuellen Rahmenbedingungen: Wetter, relevantes Tagesgeschehen (z. B. Streiks);
- Suche nach einer geeigneten Metroverbindung zum Ziel;
- Organisation des Besichtigungsprogrammes für die Gruppe (z. B. Eintrittspreise, Öffnungszeiten);
- virtueller Besuch einer oder mehrerer Sehenswürdigkeiten;
- Organisation von Freizeitaktivitäten (z. B. Suche nach Cafés in der Umgebung, Kinoprogramm).

Während der sechs virtuellen Tage werden nach diesem Muster folgende Viertel von Paris behandelt:

Dimanche soir	L'arrivée à Paris et le quartier de la Bastille
Lundi	La tour Eiffel
Mardi	Le Marais : son histoire et ses musées
Mercredi	Le musée du Louvre
Jeudi	Le Quartier Latin et Saint Germain des Prés
Vendredi	La dernière journée … et un petit incident

---

[1] Die Seiten wurden erstellt mit *Microsoft FrontPage*, *Adobe Acrobat* und *Microsoft Word*. Selbstverständlich ist bei ähnlichen Projekten auch eine Bereitstellung der Arbeitsanweisungen in Papierform legitim. Für die Schüler bedeutet dies allerdings einen größeren Aufwand beim Eingeben der Internetadressen. *MS FrontPage* ist ein an die Bedienungsoberfläche der anderen *MS Office*-Programme angepasster, relativ schnell zu erlernender *html-Editor*, mit dem man Internetseiten erzeugen kann. Mit *Adobe Acrobat* kann man per Klick *pdf-Dokumente* erstellen.

Aufbau einer Einheit („virtueller Tag") am Beispiel *mercredi*

Die „Reiseteilnehmer" haben auf einer für sie bereitgestellten Internetseite Zugang zu den einzelnen **Tagen der virtuellen Woche** (linke Leiste der Startseite: *La semaine*). Mit einem Klick auf den **Wochentag** gelangt ein/e Schüler/in zu einer weiteren Seite, auf der er/sie die Arbeitsaufträge für seine/ihre Gruppe am jeweiligen Tag finden kann. So ist etwa für **Mittwoch** ein Besuch des *Louvre* vorgesehen.

Screenshot der Seite
http://www.astrid-hillenbrand.de/paris/mercredi.htm

Bereits vor Beginn der Arbeit am Computer werden **Gruppen** eingeteilt, die die Anfahrt und den Besuch organisieren und einen Überblick über das Museum geben (Gruppe A), die Malereien besichtigen (Gruppe B), sich über die Geschichte des Gebäudes informieren oder die virtuellen Ausstellungen über die römische und griechische Antike bewundern (Gruppe D). Zusätzlich sind auf der Seite wichtige **Links** *(liens)* **zum Tag** abrufbar. Als Hausaufgabe soll an diesem Tag ein *Vocabulaire thématique* zum Thema *Le musée* erstellt werden (z. B. in Form eines *filet de mots*).

Die anderen virtuellen „Tage" beinhalten u.a. auch Aufgaben mit kreativem Ansatz, z. B. die Bearbeitung von thematisch passenden Gedichten. Zusätzlich können die Schüler/innen auch passendes Vokabular abrufen, das sie zur Bewältigung der Aufgaben benötigen (z. B. *Dimanche: faire des courses, le métro*). Schließlich wurde auch versucht, beim Entwurf der Aufgabenstellung möglichst viele von Museen und anderen Institutionen angebotene Rätsel und Spiele einzubinden, z. B. das auch für Elftklässler gut zu bearbeitende *Quiz jeunes* des *Musée Carnavalet* (s. *Mardi*)[1].

Simuler un voyage en classe – pas facile !

Au revoir …

Der **Simulationscharakter** der Reise wurde bei der ersten Erprobung der Sequenz durch mehrere Aspekte gewährleistet: In der elften Klasse herrschten authentische Rahmenbedingungen vor, die durch die tatsächlich stattfindende Reise gegeben waren (Name des Hotels, Programm).
Der Ablauf des Geschehens ist innerhalb der Sequenz nicht immer vorhersehbar: Flexibilität, Spontaneität und Zusammenarbeit zwischen den Gruppen sind gefordert, wenn sich (z. T. vom Lehrer/von der Lehrerin gesteuerte) Zwischenfälle ereignen, wie etwa ein Streik (s. *Vendredi*). Mitunter wird das Tagesprogramm auch von den aktuellen Rahmenbedingungen des jeweiligen Tages abhängig gemacht, wie z. B. dem Wetter (z. B. *Mardi*).
Bei der ersten Durchführung des Projekts zeigten sich allerdings auch einige Probleme, die die situative Einbettung erschwerten:
Wenn aufgrund ungünstiger Rahmenbedingungen ein virtueller Tag in zwei oder mehr Schulstunden aufgespalten werden muss, müssen sich die Schüler/innen jedes Mal neu in die Reisesituation versetzen. Bei der ersten Durchführung des Projekts zog es die Klasse z. B. wegen der für das Gespräch ungünstigen Anordnung der Arbeitsplätze vor, an

---

[1] http://www.paris-france.org/Musees/Musee_Carnavalet/Jouons/quiz_jeunes.htm

jede Stunde im Computerraum eine *Présentation* im Klassenzimmer anzuschließen, was einer idealen *simulation globale*, bei der das Gespräch simultan zur Internetarbeit ablaufen sollte, natürlich gänzlich widerspricht.

Die inhaltliche Steuerung durch Leitfragen und vorgebene Links bedeutet einerseits eine Einschränkung, gewährleistet aber auch einen stringenten Ablauf der Stunden, in denen die Schüler/innen selbstverantwortlich ihre Themen bearbeiten können. Müssten die Schüler/innen passende Links zunächst mit Hilfe von Suchmaschinen selbst suchen und auf ihren Nutzen hin beurteilen, wäre der Zeitaufwand ungleich größer und das sprachliche Anspruchsniveau höher.

Arbeitsweise im Computerraum

Eine ungünstige räumliche Anordnung des Computerraumes gestaltet möglicherweise die Kommunikation und die Präsentation der Ergebnisse schwierig: so erschwert eine frontale Anordnung der großen Monitore das Gespräch empfindlich. Ideal wäre eine kreisförmige Anordnung, bei der die Monitore nach außen gerichtet sind und die Schüler/innen sich nur umdrehen müssen, um im Kreis zu sitzen. Wie beschrieben, sollten für das Gespräch im Zweifelsfall freundlichere Orte als der Computerraum ausgewählt werden.
Der Austausch zwischen den Gruppen im Computerraum ist für die Schüler/innen wichtig, um sich abzustimmen, z. B. was das aktuelle Wetter, die Transportzeiten etc. betrifft. Es bietet sich auch daher an, die Stunde durch kurze Unterbrechungen zu strukturieren, bei denen (evt. mit Hilfe des Beamers) Zwischenergebnisse besprochen werden können. Die Arbeit am Internet sollte also auch im Computerraum nicht nur vor dem eigenen Bildschirm stattfinden, um eine zu eintönige Arbeitsform zu vermeiden.

Zum Thema passendes Vokabular kann an mehreren Tagen abgerufen werden[1]. Die Bereithaltung eines deutsch-französischen Wörterbuches erwies sich bei der Arbeit am Computer aber trotzdem als sinnvoll, ein einsprachiges Wörterbuch steht ohnehin online zur Verfügung[2].
Der Lehrer / Die Lehrerin selbst hat mehrere Möglichkeiten der Betreuung: Er/Sie kann von Monitor zu Monitor wandern, um den einzelnen Gruppen beratend beizustehen. Es ist aber auch denkbar, sich zurückzuziehen und die Schüler/innen bei ihrer Arbeit unbemerkt zu beobachten und nur bei Fragen einzugreifen. Netzwerk-Programme zur Überwachung der Monitore können diese Hilfe leisten und sind im Rahmen des Projekts auch sinnvoll.

Praktische Tipps

Die **vorgegebenen Pfade** verhindern zielloses Surfen – vor allem noch unerfahrenere Schüler/innen sind dankbar für diese Hilfestellung. Die Vielzahl an Links, die die Seiten enthalten, birgt allerdings das Risiko, dass Schüler/innen immer wieder auf nicht funktionierende Links stoßen. In diesem Fall sollte man ihnen empfehlen, auf andere Fragen „auszuweichen" oder ihnen helfen, mittels der im Menü abrufbaren Linkliste eine gleichwertige Seite zu finden. Aktuelle Linklisten helfen dabei rasch weiter. Wichtig ist, dass bei ähnlichen Projekten die den Schülerinnen und Schülern vorgegebenen Internet-Pfade möglichst kurz vor Durchführung des Projekts noch einmal überprüft werden.

Der Umgang mit dem Internet fördert erst nach einer vorausgehenden Anleitung und nur bei einer intensiven Begleitung des einzelnen Schülers Fähigkeiten wie **eigenständige Informationssuche**, die gezielte Selektion von Inhalten und globales fremdsprachliches Verstehen. Der Lehrer/ Die Lehrerin sollte auch deshalb am Anfang verstärkt darauf achten, dass Internetseiten auch tatsächlich *ausgewertet* werden und die Schüler/innen nicht der Gefahr erliegen, Informationen ohne Verarbeitung zu kopieren oder auszudrucken, um letztlich in einer Datenflut zu „ersticken", die sie nicht bewältigen können.

Der Aussprache im Plenum, also dem **Präsentieren, Vergleichen und Diskutieren** der gefundenen Informationen, muss unbedingt genügend Zeit und Bedeutung eingeräumt werden, um die Ergebnisse aus der Arbeit am Computer nicht im Leeren verpuffen zu lassen. Die Schüler/innen der elften Klasse, bei der das Projekt durchgeführt wurde, gestalteten die Präsentationen weitgehend eigenverantwortlich und gaben sich große Mühe mit der Bereitstellung von Anschauungsmaterial (Farbfolien, Postkarten...); der Lehrer/die Lehrerin konnte sich im Normalfall auf die organisatorische Steuerung und sprachliche Hilfestellungen beschränken. Die Präsentation könnte auch an anderen Orten stattfinden, um den Simulationscharakter des Projekts zu unterstreichen[3].

Es ist von Vorteil, wenn einige Schüler/innen auch einen **privaten Internet-Anschluss** zur Verfügung haben (z. B. für die Verständigung mit Lehrern und Mitschülern, für das nochmalige Einsehen des bereits in der Schule bearbeiteten Stoffes oder für das Abrufen von Material von zu Hause aus). Bei ins Netz gestellten Hausaufgaben und sonstigen Übungen sollte bedacht werden, dass *alle* Schüler/innen

---

[1] Das Vokabular ist in den Internetseiten enthalten, z. B. unter dem Link http://www.astrid-hillenbrand.de/paris/VocdimanchegroupeA.pdf
[2] http://www.francophonie.hachette-livre.fr/

[3] H. Jancke beschreibt eine solche Möglichkeit in seiner virtuellen Reise in die Provence, wo sich die Gespräche z.T. an verschiedenen Orten im Schulhaus abspielten. In: Herbert Jancke: *Le car est en panne. Eine virtuelle Simulation im Leistungskurs Französisch*. In: *Der fremdsprachliche Unterricht Französisch*. 1/2000. S. 36–38

Zugang zu den Online-Angeboten haben müssen oder ggf. alternative Aufgaben zur Verfügung stehen, die ohne Internet-Zugang bearbeitet werden können.

Die geläufigsten **Fachbegriffe zum Internet** müssen den **Schülerinnen und Schülern** in der Fremdsprache verfügbar sein, um die Zahl der Rückfälle in die deutsche Meta-Ebene zu reduzieren. (Bsp.: *cliquer sur qc, le lien, envoyer un message à qn;* vgl. hierzu auch das Glossar auf den Seiten S. 53–55).

Selbstverständlich sollte vorher abgeklärt werden, dass der **Simulationscharakter** des Projekts gewahrt werden muss. Reservierungen in den Museen, Buchungen von teuren Theatertickets oder Flügen für die Rückreise sind ausgeschlossen! Lehrer/innen, die dieser Gefahr völlig vorbeugen möchten, müssten *offline* arbeiten, also mit heruntergeladenen Seiten, was fortgeschrittene Schüler/innen natürlich in ihrer virtuellen Bewegungsfreiheit empfindlich beschneidet und die Ergebnisvielfalt auch sehr einschränkt. Die angesprochenen Netzüberwachungsprogramme können den Lehrerinnen und Lehrern diesbezüglich aber wertvolle Hilfe leisten.

Lernfortschritte erreichen und sichern

Um dem Unterricht im Computerraum nicht den Anstrich von „Freizeit im Computerraum" zu geben und um den Lernfortschritt zu sichern, sollten die Lehrer/innen natürlich stets auf einer konsequenten Ergebnissicherung und Leistungsüberprüfung bestehen. Folgende Teilbereiche des Projekts können dies leisten:
Bei der wichtigen **Tagesbesprechung im Plenum** berichten Schüler/innen von ihren virtuellen „Erlebnissen". Diese Aussprachen bedürfen zunächst noch der Impulse der Lehrkraft, können aber mit der Zeit so frei und ungezwungen werden, dass der Lehrer / die Lehrerin nur noch bei sprachlichen Problemen eingreifen muss. Begleitend zu einer solchen Besprechung könnte Vokabular festgehalten werden, das u. U. später wieder abgeprüft wird.
Es ist wichtig, bei allen Schüleräußerungen Fehlerkorrekturen auf ein notwendiges Minimum zu beschränken, um den Gesprächsfluss nicht einzuschränken oder zu hemmen.
Zudem sollen die Schüler/innen ihre virtuellen „Erlebnisse" täglich in *Carnets de voyage* festhalten, was für die Lehrer/innen ebenfalls eine gute Kontrollmöglichkeit über den Fortschritt der Arbeit des einzelnen Schülers darstellt.
Interessant war, dass bei den Schülerinnen und Schülern der elften Klasse sowohl bei der Präsentation wie auch in den Tagebüchern nach einiger Zeit nicht mehr eine chronologische Darbietung von Ergebnissen in Form von Kurzreferaten stattfand, sondern ein emotional geprägtes Gespräch geführt wurde. Die beiden nicht korrigierten Beispiele aus den Tagebüchern zeigen, dass die virtuelle Simulation der Parisreise Schüler/innen emotional angesprochen hat und ihre Bereitschaft zum mündlichen und schriftlichen Ausdruck fördern konnte.

• Ma première journée à Paris!! Je suis surpris! Cette ville est inimaginable grande! Il y a beaucoup de circulation et c'était difficile pour le conducteur de trouver la rue de notre hôtel. On est arrivés après un long voyage de 9 heures. Ca peut être considérablement ennuyeux! Mais si on a de bons amis avec nous, on peut par exemple jouer des jeux qui nous donnent d'autres idées. *[Anm.: Es folgt ein unterhaltsamer Bericht vom Spaziergang zur Place de la Bastille und eine Beschreibung der Colonne de Juillet mit historischen Informationen.]* Ce soir au lit, on a bavardé très long sur certaines choses et c'était intéressant pour moi comme les autres trouvent Paris. Je suis content d'être ici. [Thomas S. zu *Dimanche soir*]

... à ...

• Aujourd'hui, il fait froid, mais ce n'était pas grave parce que nous avons visité la tour Eiffel. Il a duré 45 minutes avec le métro, ligne 6. Quand je suis arrivée à la tour Eiffel, j'ai été fascinante par sa grandeur. Il y a deux étages et le sommet. On a dû monter à pied. Ouf, j'ai été fatiguée (les profs aussi…) ! *[Anm.: Es folgen Informationen über Besteigung, Preise und die Geschichte des Eiffelturms.]* Après, on a fait un picnic sur le Champ de Mars…brrr. Après on a fait une promenade à la Seine et ce soir on va au ciné. Pauvres profs : cette nuit, c'est la boum dans les chambres ! [Melanie B. zu *Lundi*][1]

Außerdem enthalten alle Tage (z. T. fakultative) Hausaufgaben, auf die die Lehrer/innen zu Übungszwecken ebenfalls zurückgreifen können.
Alle gemeinsam besprochenen Inhalte könnten ggf. auch in Stegreifaufgaben oder Schulaufgaben abgefragt werden, wenn dies für notwendig empfunden wird.

---

[1] Die sprachliche Qualität beider Beispiele verdeutlicht sicherlich, dass es sich nicht um besonders gute Schüler/innen handelte.

Gesamteindruck

Die Arbeit mit den frankophonen Seiten erzeugt Unmittelbarkeit, verlangt Spontaneität und ermöglicht eine authentische und sinnvolle Auseinandersetzung mit dem Zielland in konkreten Situationen. Gerade in „lehrwerkmüden" Klassen kann durch eine solche Arbeitsweise Motivation erzeugt werden, da die Schüler/innen den konkreten Nutzen ihrer Sprachkenntnisse unmittelbar erfahren und ausprobieren können. Der hohe zeitliche Aufwand (zwei Stunden für einen virtuellen Tag) wurde durch die Ergebnisse gerechtfertigt.

Die *Voyage virtuel à Paris* ist nur ein Beispiel einer virtuellen Reise – die Nachahmung des Konzepts mit anderen Orten (Partnerstädte, ferne frankophone Inseln, Québec…) kann nur empfohlen werden!

Schlussbemerkung

Das beschriebene Arbeitsmaterial steht Lehrern /Lehrerinnen im Internet auch weiterhin zur freien Verfügung und kann jederzeit für Unterrichtszwecke verwendet werden[1]. Die einzelnen Tage der *Voyage virtuel à Paris* können bei Bedarf auch (nach einer kurzen Einleitung in das Projekt) unabhängig voneinander durchgeführt werden.

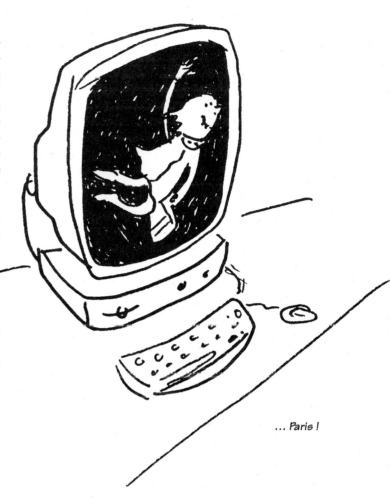

… Paris !

---

[1] http://www.astrid-hillenbrand.de/frameparis.htm

6 Einen virtuellen Reiseführer erstellen

Joachim Peper

Idee

Die Idee für dieses pädagogische Projekt entstand im Rahmen einer COMENIUS-Schulpartnerschaft bei einem vorbereitenden Lehrertreffen in England Anfang 2002:
Eine deutsche Klasse (9. Klasse, Gymnasium Munster) und eine englische Klasse (year 9, Ashcombe School, Dorking) arbeiten in gemischt besetzten Arbeitsgruppen in einer Fremdsprache (Französisch) an der Anfertigung eines gemeinsamen Bild- und Textdokuments mit dem Arbeitstitel: *Unsere Erlebnisse beim Ferienaufenthalt im Land X*. Die Gruppen sollten dabei so zusammengestellt werden, dass sich in einer Gruppe Schüler/innen zusammenfinden, die „ihr" Land X im Urlaub oder bei anderer Gelegenheit bereits kennen gelernt haben. Eine weitergehende anspruchsvollere Zielsetzung des zu erstellenden Berichts sollte sein, aus den persönlichen Erfahrungen im jeweiligen Reiseland Ratschläge für andere, die das Land besuchen wollen, herzuleiten (Stichwort: *individueller Reiseführer*). Für die deutsch-englischen Arbeitsgruppen wurden als Voraussetzung für die Durchführung ihres Vorhabens Möglichkeiten geschaffen, auf verschiedene Arten über das Internet zu kommunizieren: Speicherung der Texte und Photos (und Videoclips) auf einem 24 Stunden am Tag von jedem Internetarbeitsplatz aus erreichbaren Server, Austausch von Briefen (E-Mails), Chat, Videokonferenz.

Pädagogische Zielsetzung

Bei diesem Projekt werden – wie immer bei der Projektarbeit – mehrere Ebenen von Zielen gleichzeitig verfolgt: Neben den fremdsprachendidaktischen Zielen geht es in erster Linie um die Einübung der Kommunikation mit den neuen Medien und um die Organisation der Zusammenarbeit in virtuellen Arbeitsgruppen, in Gruppen also, die sich nicht persönlich zusammenfinden. Dies gilt für Lehrende und Lernende gleichermaßen. Insofern sind hier alle gleichermaßen Lernende.
Bevor das spezielle Thema gefunden wurde, wurden in einem Arbeitspapier des Lehrertreffens folgende allgemeinen Ziele aufgestellt:

> The aim of this project is:
> - to create an environment in which learners are motivated to practise their language skills;
> - by providing a task which promotes authentic communication in groups (– or, nearly-authentic if you assume that French is the only common shared language);
> - in order to improve pupils' understanding of spoken and written French as well as their ability to speak and write in French.

Die Idee zum Thema „Ferien-Reiseführer" entstand u.a. beim inhaltlichen Vergleich der Lehrbuchlektionen beider 9. Klassen. Bei der sprachlichen Projektarbeit konnten aus dem Lehrbuch meiner Klasse (*Découvertes*, Band 3, Ernst Klett Verlag) das grammatische Thema „Der Gebrauch des Artikels bei Ländernamen, Nationalitäten" und landeskundliche Aspekte (Provence, Bretagne, Belgien, Eurotunnel) wiederholt und vertieft werden. Die Hoffnung hier ein auch inhaltlich motivierendes Thema gefunden zu haben, das Schüler/innen mit angenehmen Erinnerungen verbinden und mit dem sie sich gerne beschäftigen, ist bestätigt worden.

Zur Durchführung der Projektarbeit sind detaillierte Kenntnisse im Umgang mit Computern und zum Teil mit spezieller Software nötig. Unser übereinstimmendes Ziel auf beiden Seiten des Ärmelkanals war es, diese Computerkenntnisse nicht in einem Extrakurs zu unterrichten, sondern den Schwerpunkt auf die inhaltliche Arbeit zu legen und dabei die notwendigen Fertigkeiten im Umgang mit dem Computer in dem Maße, wie sie sich aus den praktischen Anforderungen im Fortgang des Projekts ergeben, einzuführen (*learning by doing*) und zu üben.

Planung

Zusammenarbeit: Austausch der Arbeitsergebnisse
Wegen unterschiedlicher Ferientermine, die nicht oder nur teilweise zusammenfielen und anderer Randbedingungen (z.B. Verfügbarkeit der Computerräume, Klassenarbeiten), auf die wir keinen Einfluss hatten, war eine flexible Planung notwendig, die es gestattete, dass beide Klassen auch sinnvoll allein arbeiten konnten, wenn die Mitwirkung der Partnerklasse für ein oder zwei Wochen ausfiel. Vor dieser Schwierigkeit wird man bei Projekten mehrerer Schulen und besonders natürlich dann, wenn die Schüler/innen aus verschiedenen Ländern kommen, immer stehen. Deshalb ist es überaus wichtig, die Zusammenarbeit so zu organisieren, dass auch asynchron sinnvoll gearbeitet werden kann. **Das wichtigste Organisationsmerkmal der Projektarbeit, mit dem diese Forderungen erfüllt werden konnte, war die Speicherung aller Zwischenergebnisse und aller fertigen Arbeitsdokumente** (Texte, Bilder, E-Mails, Photos, Videos...) **aller Beteiligten** (aller Arbeitsgruppen und Lehrer/innen, Administratoren, wissenschaftlicher Begleiter) **in übersichtlicher Form in einem passwortgeschützten Bereich eines Internetservers**. Technisch setzt dies für alle einen ständig zur Verfügung stehenden Internetzugang voraus, was für die meisten Schulen heute gegeben ist. Für die beteiligten Lehrkräfte ist darüber hinaus ein Internetzugang von zu Hause aus unverzichtbar. Auch häusliche Ressourcen der Schüler/innen können genutzt werden.

Mit welcher Software lässt sich eine solche Speicherung verwirklichen und wer stellt Speicherplatz im Internet zur Verfügung?

Ein für jedermann kostenloses Werkzeug und kostenlosen Speicherplatz stellt z. B. das Forschungszentrum Informationstechnik GmbH (GMD, jetzt integriert in die Fraunhofer-Gesellschaft als „Fraunhofer-Institut für Angewandte Informationstechnik") mit dem BSCW-Server (**B**asic **s**upport for **c**ooperative **w**ork) zur Verfügung. Die Anmeldung erfolgt über http://bscw.gmd.de/. Jeder angemeldete User bekommt 10 MB *shared workspace*. Die Oberfläche, die sich dem Benutzer nach der Anmeldung mit Passwort zeigt, richtet sich nach der im Browser eingestellten Sprache, ideal für die internationale Zusammenarbeit. Neue User werden „eingeladen", der Arbeitsgruppe beizutreten. Sie erhalten ein Einladungsschreiben per E-Mail und wählen dann ein eigenes Passwort. Der Zugang erfolgt mit einem beliebigen Webbrowser. Wenn der Speicherplatz nicht ausreicht, weil speicherplatzintensive Photos oder Audiodateien gespeichert werden sollen, kann man mehrere User einrichten; darunter leidet natürlich die Übersichtlichkeit. Möglicherweise können Schulen für ein Projekt auch mehr Speicherplatz beantragen. Unsere englische Partnerschule stellte uns für die Zusammenarbeit ihren eigenen Internetserver und die für unsere Zwecke sehr gut geeignete Kommunikationssoftware *Firstclass* (Hersteller http://www.centrinity.com) zur Verfügung. Die meisten Schulen haben aber keinen eigenen Internetserver. Dann lohnt sich eine Anfrage bei Ihrem jeweiligen Landesbildungsserver. Das Medien- und Computerzentrum (Niedersachsen) z. B. bietet Schulen an, kostenlos ihr „Arbeits- und Kooperationsmodul" zu nutzen. Andere Bundesländer bieten vergleichbare Programme, die häufig auch zur computergestützten beruflichen Weiterbildung genutzt werden. Für welche der aufgezeigten Möglichkeiten man sich auch entscheidet, allen ist gemeinsam, dass man jederzeit von jedem Internetarbeitsplatz aus über einen Webbrowser (oder auch mit einer Spezialsoftware) den Server, auf dem die gemeinsam genutzten Dateien gespeichert sind, erreichen kann. Man hat also so etwas wie eine von überall her erreichbare, passwortgeschützte externe Festplatte, auf der die Mitglieder der Arbeitsgruppe lesen und speichern dürfen. Auf dieser „Festplatte" muss natürlich eine übersichtliche Ordnerstruktur eingerichtet werden, damit sich alle gleich zurechtfinden.

Durchführung

Gesamtzeitaufwand:

Etwa 16 Unterrichtsstunden verteilt über einen Zeitraum von acht Wochen, Ferien nicht eingerechnet, also durchschnittlich zwei Wochenstunden.

Kennenlern-Phase und Gruppenbildung: Alle beteiligten Schüler/innen stellen einander in 2–3 Schulstunden den anderen vor, indem sie vorformulierte Fragen zu ihrer Person beantworten. Damit diese Arbeit nur wenig Zeit in Anspruch nimmt, wurde ein Textverarbeitungsdokument (in *Word*) mit Fragen an die Schüler/innen „verteilt"; die Schüler/innen beantworten die Fragen und fügen ein Bild von sich hinzu. Technisch lässt sich das z. B. folgendermaßen realisieren: Der leere Fragebogen (vorsichtshalber schreibgeschützt) wird als Datei auf dem Server abgelegt, die Schüler/innen (englische und deutsche) laden sich den Fragebogen auf ihre Arbeitsstation, beantworten die Fragen und speichern den ausgefüllten Fragenbogen unter einem neuen Dateinamen, an dem möglichst auch gleich die Person zu erkennen sein sollte (z. B. *portrait vanessa.doc*) in einem extra dafür eingerichteten Ordner auf dem Server. Zwei Schüler/innen wurden beauftragt, in der Pause vorher mit einer Digitalkamera Fotos der Klassenkameraden zu machen, die mit aussagekräftigen Dateinamen versehen (z. B. *vanessa.jpg*) im lokalen Netz zur Verfügung gestellt wurden. Die eigentliche Arbeit des Ausfüllens des Fragebogens nahm dann nicht mehr als eine Schulstunde in Anspruch. Die Rolle des Lehrers / der Lehrerin beschränkte sich darauf, den Arbeitsauftrag kurz zu erklären und noch einmal zu demonstrieren, wie man in die Textseite ein Bild „einbaut"[1], anschließend wurde individuell sprachliche und technische Hilfestellung gegeben. Wie leicht den Schülerinnen und Schülern die technische Bewältigung der Aufgabe fällt, hängt natürlich ganz stark von ihren Vorerfahrungen mit dem Computer ab; meinen Schülerinnen und Schülern bereitete es keine nennenswerten Schwierigkeiten.

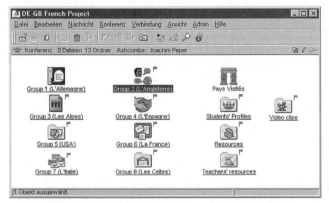

Startseite des Projekts (Client-Software Firstclass) mit der Ordnerstruktur. Jede Arbeitsgruppe hatte einen Ordner für die laufende Arbeit; ein Ordner war den Portraits (s. S. 31–32) vorbehalten, ein Ordner nur den beteiligten Lehrkräften zugänglich.

---

[1] Um ein Bild in ein Word-Dokument einzufügen, das auf der Festplatte des Computers oder auf Diskette gespeichert ist, geht man folgendermaßen vor: EINFÜGEN – GRAFIK – AUS DATEI und dann klickt man sich zu dem gespeicherten Bild durch. Wenn das Bild im Word-Dokument positioniert werden soll: mit der rechten Maustaste auf das Bild klicken, GRAFIK FORMATIEREN – LAYOUT – RECHTECK und dann auswählen LINKS, ZENTRIERT etc.

Fragebogen (Muster):

Je me présente : *photo (Bild aus Datei einfügen)*

prénom :
nom de famille :
âge :

famille, frères et sœurs : *(Faites quelques phrases.)*

ce que j'aime (faire) / ce que je n'aime pas (faire) :

les pays (ou régions) où je suis déjà allé(e) :

(Faites une liste, commencez par le pays / la région que vous connaissez le mieux. Notez quelques détails : Quand est-ce que vous y êtes allé(e) pour la première fois ?
Vous y êtes allé(e) plusieurs fois ?)

Exemples :
Allemagne, Forêt Noire :   J'ai été plusieurs fois en Forêt Noire. Mes grands-parents y habitent.
Italie :   J'ai été deux fois en Italie : une fois en été il y a 3 ans et une fois fois il y a
*   2 ans pendant deux semaines (aussi en été).*

Avant de compléter cette fiche, effacez tout ce qui est en italique !

Beispiele für ausgefüllte Fragebögen

Die folgenden Beispiele sind nicht fehlerfrei und wurden bewusst so belassen, um den authentischen Charakter nicht zu verändern.

Je me présente :

prénom : Svea
nom de famille : Melzinger
âge : 15 ans

famille, frères et sœurs :   J'ai un frère qui s'appelle Jonathan. Il a 13 ans.
                                 Mon père travaille chez l'église et ma mère travaille à l'école.
                                 Nous avons une chienne qui s'appelle Ronja.

☺ **ce que j'aime (faire) :**
J'aime jouer du piano et écouter de la musique pop et rock.
J'aime nager et jouer au Badminton.
J'aime rencontrer mes ami(e)s,
écrire des lettres et faire des courses.
Et j'aime les chiens.

☹ **ce que je n'aime pas (faire) :**
Je n'aime pas le football.

les pays (ou régions) où je suis déjà allé(e) :
l'Autriche, la Norvège, la Suède, l'Italie, l'Irlande,
le Danemark et les Pays-Bas.
A l'Allemagne j'ai déjà visité Amrum
(une île dans la mer de nord) et notre capitale Berlin.

détails :
Souvent j'ai visité l'île d'Amrum. L'été dernière j'ai été en Norvège et l'automne j'ai visité Berlin avec mes grands-parents.
Quand j'avais 5 ans j'ai visité l'Autriche souvent.

Mon Profil

Nom :	Smith
Prénom :	Josy
Age :	J'ai 14 ans.
Famille :	Il y a 4 personnes dans ma famille : Ma mère, ma sœur, mon père et moi. Ma mère s'appelle Sandra. Elle a quarante-deux ans. Mon père s'appelle John. Il a quarante ans. Ma sœur s'appelle Kirsty. Elle a douze ans.
Animaux :	Je n'ai pas d'animaux.
Domicile :	J'habite Dorking dans le sud-est Angleterre. Ma maison est petite.
Caractère :	J'ai suis sympa, timide et sportive.
Passetemps :	J'adore aller au Bowling avec mon amie. J'aime le sport et écouter la radio.
Anniversaire :	Le 1er novembre 1987
Pays préférés :	Je préfère la Thaïlande et l'Espagne.

Pays, régions et villes où je suis déjà allée :

Pays	Régions dans le pays	Villes/Villages	Opinion
• La Thailande	Phuket	J'ai oublié !	La paysage c'est joli et pitteresque.
• L'Espagne	J'ai oublié !	Madrid	Madrid c'est belle et tranquille. Il n'y a pas beaucoup à faire.
• Les Etats–Unis	Florida	Orlando	Florida c'est intéressant et il fait chaud et propre. Il y a beaucoup à faire. J'y suis allée 2 fois. J'adore Disneyland et particulièrement Fairy Kingdom !

Die Schüler/innen hatten in den zwei auf das Ausfüllen der Fragebögen folgenden Stunden den Arbeitsauftrag, sich online die ausgefüllten Fragebögen der anderen Schüler/innen anzuschauen und besonders im Hinblick auf die besuchten Länder per E-Mail Fragen zu stellen. Den Schülerinnen und Schülern machte es viel Spaß, die „Profile" der anderen zu lesen und die Photos anzuschauen. Daraus entwickelte sich schnell ein reger Austausch von E-Mails, nicht immer ganz zum Thema, sondern auch über private Interessen, z.B. über die Lieblingsmusikgruppen, was aber gestattet war.

Die Lehrer/innen beschlossen, die Arbeitsgruppeneinteilung aus zeitökonomischen Gründen selber vorzunehmen. Die Aufteilung war schwierig, aber schließlich glückte es, 8 gleichgroße „Ländergruppen" zu bilden, in denen sich Schüler/innen zusammenfanden, die alle bereits das Land ihrer Gruppe bereist hatten. (Wobei zwei Gruppen gebildet werden mussten, in denen es um mehrere Länder geht (*Pays Celtiques* und *Les Alpes*). In jeder Gruppe waren jeweils 2 deutsche und 4 englische Schüler/innen, wegen der unterschiedlichen Anzahl von deutschen und englischen Teilnehmern. Schülerwünsche sollten berücksichtigt werden.

Individuelle Reiseberichte der Schüler/innen

Die anschließende Aufgabe wurde zunächst als individuell zu bearbeitende Aufgabe gestellt. Jedes Mitglied einer Ländergruppe sollte seine individuellen Erfahrungen in seinem Reiseland aufschreiben. Auch hier wurde die Aufgabenstellung in einer Datei zentral auf dem Server gespeichert, wobei ich meinen Schülerinnen und Schülern die Aufgabe zusätzlich auf Papier mitgegeben hatte, um die Aufgabe in zwei Abschnitten als Hausaufgabe stellen zu können. Die Arbeit in der Schule am Computer kann dann effektiver zur Klärung von sprachlichen Schwierigkeiten oder eben zum Tippen benutzt werden.

Aufgabenstellung:

Votre tâche !
- Vous formez un groupe de 6 personnes.
- Rédigez un document sur [une région / un pays]. Donnez des renseignements et des opinions personnelles.
- Chaque élève doit remplir toutes les cases.
- A la fin, toutes les informations sont rassemblées afin d'élaborer la version finale du document.
- Voici des idées :

Titre	Contenu / activité	Expressions / Phrases utiles
C'est où exactement ?	Donnez des renseignements : – Carte de la région – Eloignement/Distance par rapport à d'autres endroits – Géographie: les fleuves, les montagnes etc. – Websites Donnez des exemples.	– ~ se trouve dans l'Ouest de la France – C'est à 150 kilomètres de … et à 300 kilomètres de … – C'est à … kilomètres de chez moi.
Informations générales sur la région	Donnez des renseignements sur la région : surface, population, industrie, spécialités de la région Donnez votre opinion personnelle sur la région.	– C'est une région historique/touristique/industrielle/moderne. – Elle se situe / se trouve à la montagne / au bord de la mer / à la campagne. – Il y a … habitants. – Moi, j'ai beaucoup aimé la région parce que … – Ce qui ne m'a pas plu c'est que …
A quelle période y aller ?	Donnez des conseils. Donnez des exemples.	– Il faut y aller au mois de … parce que … – Moi, j'y suis allé … C'était bien, parce qu'il faisait beau … / il y avait des fêtes.
Comment est le climat ?	Donnez des informations sur le temps pendant l'année. Donnez des exemples.	– En été, il y a du soleil. / En hiver, il neige. – En automne, il fait mauvais. / Au printemps, il fait beau. – quelquefois – rarement – de temps en temps – Quand je suis allé à X, il faisait beau / il pleuvait. – La première semaine / La deuxième semaine …
Comment aller / se rendre / à X ?	Les moyens de transport pour parvenir à X … Donnez des exemples.	– On peut prendre le train / l'avion de … – Le voyage dure … heures. – Ça coûte 500 Euros. – Moi, j'ai pris le train. C'était long, mais c'était confortable. – Sylvia a pris l'avion. C'était rapide.
Où se loger ?	Une liste des logements possibles. Des liens vers les websites des hôtels, campings, auberges de jeunesse, etc. Des exemples : Demandez à votre groupe.	– On peut loger dans des hôtels de luxe par exemple … – Moi, j'ai été/logé dans … c'était très confortable, mais très cher. – Marc est allé dans un camping. C'était moins cher, et il y avait beaucoup d'animations.
Que faire dans la journée ?	Donnez des renseignements pour les jeunes / les personnes plus âgées / les sportifs / les artistes : les monuments, les animations/loisirs/spectacles, les excursions, les magasins Donnez des exemples et votre avis.	– A X il y a beaucoup de musées; voici les renseignements importants : Heures d'ouverture : Prix du billet d'entrée : – J'adore les musées. – J'ai visité X et j'ai surtout aimé … parce que …

Nos projets	Les projets de chaque membre du groupe	– Je voudrais (Je veux, J'espère, je compte, j'ai l'intention de) retourner à X parce que … – Je ne veux pas retourner à X parce que … – L'année prochaine … / Dans deux ans … – Quand j'aurai 21 ans …
Nos rêves	Les projets de chaque membre du groupe	– Si j'avais beaucoup d'argent / Si je gagnais au loto, j'irais …

Nachdem alle Arbeitsgruppenmitglieder ihren persönlichen Reisebericht auf dem Server gespeichert hatten, begann die schwierigste Aufgabe: Die Synthese, d.h. das Vereinigen der Einzelberichte zu einem gemeinsamen Text und die graphische Ausgestaltung mit Photos. Ursprünglich hatten wir geplant, in jeder Gruppe zwei Schüler/innen als „Koordinatoren" zu ernennen (oder von den Schülerinnen und Schülern wählen zu lassen), die innerhalb der Gruppe Aufgaben verteilen, also z.B. Schülerin X auffordern, ihre Informationen über die Aktivitäten am Urlaubsort in Spanien zu präzisieren, Schüler Y bitten, eine Bildunterschrift für das Photo nachzureichen oder Z die Teilaufgabe zuzuteilen, das „Photoalbum" graphisch zu gestalten. Wegen der Komplexität dieser Aufgabe in der Fremdsprache und wegen der beschränkten Zeit (nahende Sommerferien in Niedersachsen und eine Ferienwoche zum Thronjubiläum in England) wurde die Aufgabe dahingehend vereinfacht, dass die deutschen Schüler/innen den Arbeitsauftrag erhielten, den Gruppenbericht in Partnerarbeit zusammenzustellen und den englischen Gruppenmitgliedern zur Begutachtung und Kommentierung vorzustellen.

Anschließend werden die Schülerinnen und Schüler – nachdem der Text vom Lehrer / von der Lehrerin durchgesehen und von den Schülern verbessert wurde – noch

Beispiel für ein Zwischenergebnis
(gekürzt und unkorrigiert):

L'ALLEMAGNE	Travaux réalisés par Heather + Laura + Marc + Rosie + Yvonne + Swetlana
C'est où exactement ?	Allemagne, c'est au milieu entre le Danemark, la France, le Luxembourg, la Pologne, la République Tchèque, les Pays-Bas, la Belgique, l'Autriche et la Suisse.
A quelle période y aller ?	Au lac de Constance en été il fait très chaud, s'il ne pleut pas. Au bord du lac il fait toujours un peu de vent, à la mer aussi il fait toujours du vent. Il faut aller à la mer du nord en été parce qu'on peut aller à la plage et en été il fait beau. Heather a beaucoup aimé le Rhin. C'était beau. Au lac de Constance il fait toujours du vent et en été il est très chaud et c'est très agréable.
Comment est le climat ?	A la mer du nord il pleut beaucoup, mais en été c'est meilleur. Toute l'année il fait du vent. Heather y est allée en juillet. Quand elle y a été il faisait beau mais assez froid.
Comment se rendre / aller à X ?	Pour aller au lac de Constance tu peux voyager avec le car, la voiture ou le train. Le voyage dure 8 – 9 heures de chez nous avec la voiture ou le car. Et avec le train, il dure 9 – 11 heures parce que le train doit souvent s'arrêter. (Je parle de mon voyage, Yvonne) A la mer du nord on peut aller en voiture, en train ou en car. Heather a voyagé en bateau. (de l'Angleterre)
Que faire dans la journée ?	Au lac de Constance tu peux faire une promenade à la plage ou tu peux faire des courses ou tu peux regarder les montagnes. A la mer du nord on peut faire des promenades ou on peut faire une excursion en bateau. Sur le Rhin on peut visiter des musées, on peut aller à la plage, on peut nager, on peut faire des courses. Heather a visité des musées et elle a fait des courses.
Nos projets	Swetlana est allée à la mer du nord en été avec sa classe. Elle voudrait y retourner parce que c'est très amusant!
Nos rêves	Nous voulons aller aux Etats-Unis, en Nouvelle-Zélande, en Australie et au Brésil.

Fotos und interessante Internet-Links hinzufügen und noch einmal das Layout überarbeiten. Die Textkorrektur erwies sich als notwendig, um die Verständlichkeit zu sichern und ist meiner Meinung nach auch für den sprachlichen Lerneffekt wünschenswert. Entweder lassen sich die Zwischenergebnisse von Zeit zu Zeit am Ende der Stunde im Computerraum ausdrucken oder jederzeit zu Hause (übers Internet) von den Lehrkräften. Ich habe die Arbeitsergebnisse zu Hause am Rechner heruntergeladen, ausgedruckt und den Schülerinnen und Schülern in die Hand gedrückt. Sie mussten dann die elektronische Fassung korrigieren.

Wie geht man mit Fehlern um?
Bei dieser Arbeit ist zu entscheiden, inwieweit Fehler nur kenntlich gemacht werden oder Alternativformulierungen vorgeschlagen werden. Dies richtet sich nach der individuellen Leistungsfähigkeit der jeweiligen Autoren. Darüber hinaus ist es nicht mein Ziel, absolut fehlerfreie Endprodukte mit eleganten Formulierungen zu erhalten; die Authentizität des Produkts würde leiden. In dem E-Mail-Austausch der Kennenlernphase wurde nicht korrigierend eingegriffen, hier steht die Kommunikation im Vordergrund, in persönlichen Briefen dürfen auch Fehler vorkommen. Wenn es zu Missverständnissen kommt, ist es am natürlichsten, wenn die Schüler/innen diese selber lösen, zur Not auch in diesem Fall durch Zuhilfenahme des Englischen.

Ergebnisse präsentieren
Am Schluss steht eine kleine Ausstellung aller Gruppenarbeiten in Papierform in beiden beteiligten Schulen, zusätzlich werden die besten Arbeiten (in anonymisierter Form) im Internet auf der Schulhomepage veröffentlicht werden. (www.gymun.de, weiter mit LEHRER - PROJEKTE - INTERNETPROJEKTE)

Warum mit anderen Lernpartnern arbeiten?
Zum einen war es für Schüler/innen wie Lehrkräfte bereichernd und hat einfach Spaß gemacht. Diese interkulturelle Begegnung und die Erkenntnis, wie schwer sich auch englische Schüler/innen mit dem Erlernen der französischen Sprache tun, ist ein zusätzlicher Gewinn.
Die Art der Aufgabenstellung, nämlich eine gemeinsame Arbeit mit räumlich nicht anwesenden Partnern anzufertigen, ist darüber hinaus eine Arbeitsform der Zukunft, wie sie auf viele Schüler/innen in ihrer Ausbildung oder in ihrer beruflichen Tätigkeit zukommen wird. Dessen sind sich die Schüler/innen bewusst.[1]

---

[1] Ich danke allen an diesem Projekt beteiligten Kolleginnen und Kollegen für Ihre Unterstützung. Ohne ihre tatkräftige Mitarbeit hätte das Projekt so nicht durchgeführt werden können: meinen englischen Kolleginnen Helen Myers und Chris Doye, die das Projekt wissenschaftlich begleitet haben, und David Seume, dem findigen Systemadministrator.

7 Im Netz recherchieren
Manfred Overmann

Des sites internet complétant les cours avec « Découvertes » et « Ensemble »

Internet est la plus grande des médiathèques, ouverte 24 h sur 24 h et accessible grâce à un simple clic de souris. Alors profitons au mieux de cet atout pédagogique inestimable pour dénicher des ressources au service des élèves, pour préparer et organiser nos cours dans la perspective d'une pédagogie ouverte et individualisée permettant à la créativité de germer et de s'épanouir. Les applications didactiques d'Internet favorisent la découverte, l'observation, l'exploration et l'expérimentation de la langue étrangère et laissent le champ libre à la spontanéité créatrice des apprenants.

Nous vous proposons quelques activités sur Internet visant à compléter les cours avec la méthode de français « *Découvertes* » en espérant que ces sites déclencheront une dynamique de motivation dans l'apprentissage du français. Vous trouverez d'autres sites se référant à « *Découvertes* » et « *Ensemble* » sur le serveur de Klett (http://www.klett-verlag.de). Il s'agira de mettre l'accent sur une pédagogie de la découverte qui permettra aux élèves de travailler sur des petits projets individuellement et en groupe. Les élèves pourront ainsi réutiliser leurs acquis dans un contexte authentique et souvent ludique.

Les sites sélectionnés sont donnés à titre indicatif et peuvent être complétés par les enseignants en espérant qu'ils vont susciter de nombreuses activités créatives centrées sur l'apprenant. Les élèves pourront aussi exploiter les sites à la maison ou préparer des exposés avec une mise en commun des résultats en classe.

Découvertes 3, Leçon 5: Jean de Florette

Sites sur Pagnol

1. http://perso.wanadoo.fr/serge.passions/marcel_pagnol.htm
Hier findet man nicht nur die Anfangssätze von Marcel Pagnols Trilogie *Souvenirs d'enfance*, sondern auch Verweise auf seine Bücher, Filme und Theaterstücke. Ebenfalls werden die Provence und die Dörfer Aubagne und d'Allauch mit zahlreichen Bildern und Kommentaren vorgestellt.
Mögliche Arbeitsaufträge:
- *Notez comment commence la trilogie dans laquelle Marcel Pagnol raconte ses souvenirs d'enfance: « Je suis né ... » Puis traduisez la phrase en allemand. Si vous avez besoin d'un dictionnaire franco-allemand, il suffit d'activer le lien suivant : http://www.ph-ludwigsburg.de/franzoesisch/overmann/baf2 et de cliquer sur « Dictionnaire ».*
- *Quels sont les personnages principaux de ces romans ?*
- *Pagnol n'était pas seulement un homme de lettres, mais aussi un homme de c............ et de t............*
- *Notez le titre de quelques livres de Pagnol.*

2. http://perso.wanadoo.fr/serge.passions/souvenirs_d.htm
Souvenirs d'enfance heißt die berühmte Romantrilogie von Marcel Pagnol, die jeder Franzose irgendwann gelesen hat – und auch viele deutsche Schüler/innen und Studenten lesen oder als Film zum Französischlernen ansehen. *La Bastide Neuve* kann auf einem Photo angeschaut werden (ebenso *Le Garlaban*) und wird von Pagnol in malerischen Worten beschrieben.
- *Comment s'appellent les trois livres qui composent la trilogie de Marcel Pagnol* Souvenirs d'enfance *et que tous les élèves français ont lus un jour ou l'autre?*
- *Comment trouvez-vous la « Bastide Neuve » ? Qu'est-ce qu'on apprend sur cette maison?*
- *Quel rôle joue l'eau?*
- *Qu'est-ce que « Le Garlaban » ?*
- *Qu'est-ce qu'on voit sur les photos du film « La gloire de mon père » ?*

3. http://perso.wanadoo.fr/serge.passions/livressouvenirs.htm
Ein Bild des Bürgermeisteramtes und der Schule, in der Mlle J. etwa 30 Kinder im Alter von 6–14 Jahren in einem gemeinsamen Klassenzimmer unterrichtete. Der Schulweg, die Abbildung und Beschreibung einer Klasse.
- *A quoi ressemblaient les écoles des villages?*
- *Décrivez la photo de l'école.*
- *Où habitait la maîtresse?*
- *Où se trouvait la mairie?*

4. http://perso.club-internet.fr/nicastro/garlaban/massifgarlaban.html
La carte du Massif du Garlaban: Marseille, Aubagne, la Bastide Neuve, La Grotte de Manon, le Garlaban. Entfernungen, Höhenunterschiede und Zeitdauer für Wanderungen.

5. http://www.aubagne.com/aubagnetour/pagnol%20F/circuit.html
Le circuit pédestre Marcel Pagnol avec la maison natale de l'écrivain – Beschreibung des ca. 20 km langen Marcel Pagnol-Wanderweges von Aubagne bis Treille.
- *Quel jour Pagnol aimait-il se promener?*
- *Qu'est-ce qu'il emmenait à manger?*
- *Indiquez l'adresse de Pagnol ainsi que ses dates de naissance et de décès.*
Pagnol est né le ....; il est mort en ....
Ville : ....
Rue : Cours ....
Numéro : ....

+ La carte du circuit : http://www.geocities.com/Paris/Rue/7125/Allauch/pagnol_circ.gif

6. http://www.aubagne.com/aubagnetour/pagnol%20F/bio.html
Leicht zu lesende Biographie von Marcel Pagnol
http://perso.wanadoo.fr/ecole.gouesnach/histoire/pagnol/bio.htm
Sa vie, son œuvre : http://membres.tripod.fr/BBea/Pagnol.html

– *Remplissez :*

Date de naissance de Marcel Pagnol	
Prénom du père	
Prénom de la mère	
Naissance de son frère Paul	
Naissance de sa sœur Germaine	
Naissance de son frère René	
Décès de sa mère	
Baccalauréat de Marcel Pagnol	
Mariage de Marcel	
Nom de sa femme	
Marcel à Paris	
Marcel arrête l'enseignement	
Pièce de théâtre, Marius	
Pièce de théâtre, Fanny	
Carrière de cinéma	
Date de décès de Marcel Pagnol	

Découvertes 4, Unité Mobile 2: le TGV

Sites sur le TGV

1. http://www.sncf.com/
Die Internetstätte der SNCF bietet Preisauskünfte und Fahrpläne nicht nur für Frankreich, sondern für ganz Europa, die individuell nach Zugtyp, Preisklasse, Reisedatum und genauer Uhrzeit zusammengestellt werden können.
Mögliche Arbeitsaufträge:
– *Décrivez le site Internet de la SNCF et indiquez tous les renseignements que l'on peut y trouver.*
– *Vous êtes à la gare de Paris et prenez le TGV pour Bordeaux. Combien de départs y a-t-il entre 10 et 18 heures? Combien de temps mettez-vous pour aller de Paris à Bordeaux, à Rennes, à Toulouse, à Marseille?*
– *Citez quelques tarifs spéciaux.*
– *Choisissez une grande ligne européenne et indiquez les villes traversées.*

2. http://www.sterlingot.com/
Ursprung und Ziele des Projekts: Auskünfte über die verschiedenen Typen des TGVs (*le TGV Sud-est, le TGV Atlantique, l'Eurostar, Thalys, le TGV Duplex*) sowie die über ihn verbundenen Städte und Länder. Vergleich der Geschwindigkeiten auf verschiedenen Strecken, Streckenrekorde sowie Platzkapazitäten.
– *Cliquez sur « TGV », puis sur « matériel » et comparez les chiffres des différents types de TGV (vitesse maximale en service commercial et nombre de places).*
– *Quelles sont les villes (pays) que les différents TGV relient?*
– *En 1981 le TGV Sud-est bat le record du monde de vitesse. A quelle vitesse roule-t-il?*

Type	Vitesse maximale en service commercial	Nombre de places
TGV Sud-est		
TGV Atlantique		
TGV Réseau		
Eurostar		
Thalys		
TGV Duplex		

3. http://www.unimedia.fr/homepage/patoureau/
Plakat aus dem Jahre 1938 anlässlich der Gründung der SNCF. Verschiedene politische Stellungnahmen zum Streckenprojekt des *TGV Bretagne – Pays de la Loire*. Geschichte und Chronologie, die Position der Grünen, Zeitungsartikel aus dem Jahre 1997.
– *Donnez un titre à l'affiche éditée en 1938 à l'occasion de la création de la SNCF. Puis parlez-en en classe.*
– *Quel parti politique s'oppose au projet de construction du TGV Bretagne – Pays de la Loire?*
– *Quelles sont les villes que le « TGV Bretagne – Pays de la Loire » relie?*

4. http://www.multimania.com/socrat/
Hochgeschwindigkeitszüge im Europäischen Schienennetz: Perspektiven für das Jahr 2010 und das Projekt Socrates/Comenius; zahlreiche Bilder mit musikalischer Hintergrundmusik.
– *Quelles sont les prévisions pour l'année 2010?*
– *Connaissez-vous le « Projet Socrates/Comenius » ? Qui le subventionne?*

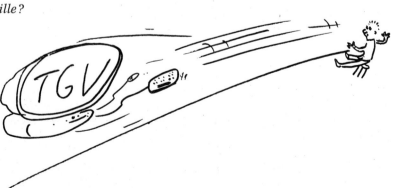

8 Interkulturelles Lernen mit Partnern

Carina Krause

Neun Lernmodule mit Internet und Multimedia – « Tout autour de la beauté »

Hörkassetten, Film und Fernsehen, CDs, E-Mails und Austausch mit realen Partnern sind feste Bestandteile des fremdsprachlichen Unterrichts, die in der Regel jeweils einzeln eingesetzt werden oder stattfinden. Jeder Bestandteil, der zeitlich versetzt und isoliert im Unterricht eingesetzt wird, erhält dadurch für einen bestimmten Zeitraum eine Priorität, die den Unterricht einseitig werden lassen kann. E-Mail allein ist oft zu trocken, der mündliche Sprachanteil ist gering, häufig entsteht Frust durch Abhängigkeit vom Partner im Arbeitsfortschritt. Film und Fernsehen allein sind im Unterricht zu konsumptiv, es gibt wenig Gelegenheit für authentische Schülerdialoge, die Bilder können vorbei laufen, ohne auf die Sprachproduktion Einfluss zu nehmen. Beim Austausch mit realen Partnern fehlen oft die über die Befindlichkeits- und Höflichkeitskonversation hinausgehenden Sprechanlässe, sodass die Austauschpartner sich in die Muttersprache zurückziehen oder den Dialog gelangweilt abbrechen. Das folgende Unterrichtsbeispiel zeigt, wie Hören, Sehen, Verstehen, Lesen, Schreiben und Sprechen miteinander verbunden werden können.

Die Themenwahl

„Mode kennt keine Grenzen. In London, Berlin, New York oder Paris folgen junge Leute den gleichen Trends. Und dennoch, wer kennt nicht das Gefühl, Deutsche und Franzosen schon von weitem zu erkennen? Birkenstock-Sandalen und behaarte Beine: was für deutsche Frauen bequem

Wer ist die Schönste im ganzen Land?

ist, ruft bei Französinnen und Franzosen mittleres Entsetzen hervor ..." (Quelle: www.passe-partout.de; hier findet man eine Reihe von Beispielen aus der gegenseitigen Wahrnehmung von Deutschen und Franzosen). Was für Jugendliche in London, Berlin, New York und Paris gilt, ist auch in Schwerin, Augsburg oder Göttingen wichtig. „Trendy" sein heißt, in Schule, Gruppe, Clique akzeptiert zu werden, den Trends in Mode und Aussehen zu folgen. Lernt man junge Franzosen kennen, stellt man fest, dass Kleiderordnung und Geschmack offensichtlich von deutschen Vorstellungen abweichen. Im Unterricht kann man z.B. durch Erstellen von Film-, Musik- oder Sport-„Hitlisten" und Vergleich mit denen von Lernpartnern aus Frankreich per E-Mail feststellen, dass es offenbar doch deutliche Unterschiede zwischen den Jugendlichen in diesen Fragen gibt. Oder sind es Klischees? Klischees und Vorurteile können im Fremdsprachenunterricht ein lohnender Ausgangspunkt für ein Projekt bei entsprechender Vorbereitung auf partnerschaftlicher Basis sein, weil sie eben immer stimmen und doch nicht stimmen. Lernen an Kontrasten ist reizvoll, weil es bei den Lernern durch Verbalisieren von Tabus einen verstärkten Lernreiz auslöst.

Mode und Schönheit sind im Alltag der Jugendlichen wichtig, problemhaltig und durch verschiedene Medien stets präsent. Jugendliche als kaufkräftige Zielgruppe werden mit Schönheitsidealen durch Jugendzeitschriften, Pop-„Ikonen", Bild- und Filmwerbung konfrontiert.

Hier setzt das Beispiel des interkulturellen Projekts zum Thema « Tout autour de la beauté » an. In einer themenorientierten Kennenlernphase nehmen die Partner zunächst Kontakt per E-Mail auf, sie tauschen deutsche und französische Jugendzeitschriften und selbst zusammengestellte Videomitschnitte von Fernsehwerbung aus. Hör- und Sehverstehen von Videoclips, Analyse von Zeitschriften- und Fernsehwerbung befähigt die Schüler/innen schnell, kreativ zu werden. Sie erstellen selbst fremdsprachliche Werbeanzeigen und Videoclips und tauschen ihre Produkte aus, je nach Kenntnisstand und Lehrerabsprache auf unterschiedlichem technischen Niveau.

Die Lernmodule

Die folgenden multimedialen Lernmodule können variabel miteinander kombiniert werden.
Die verschiedenen Umsetzungsmöglichkeiten einschließlich der flexiblen Reihenfolge sollen das Projekt an die technischen und unterrichtlichen Bedingungen wie Ausstattung der Schule, Medienkompetenz der Lehrkräfte und an das Sprachniveau der Schülerinnen und Schüler anpassen. Sehr empfehlenswert sind die didaktisch aufbereiteten Videokassetten mit deutsch-französischen Begleitmaterialien, die

kostenlos aus dem Internet unter www.passe-partout.de heruntergeladen werden können. Die deutsch-französische Sendereihe hält auch zum Thema „Schönheitsideale in Frankreich und Deutschland" eine binationale Sendung bereit.

Die Module des interkulturellen Austauschprojekts basieren auf didaktischen Grundsätzen des Fremdsprachenunterrichts:
- sie fördern die Motivation durch emotionale Betroffenheit;
- die ausgewählten Lernmaterialien sind authentisch;
- die Themenwahl ist aktuell und schülerorientiert;
- Abfolge und Zusammenstellung sind flexibel;
- die Schüler/innen können selbst kreativ und methodisch vielfältig vorgehen;
- Hören, Sehen, Schreiben ergänzen sich durch Film, Sprache, Interview und eigene Text- und Bildproduktion;
- die Schüler/innen erwerben Multimediakompetenz.

Vorbereiten

Eine erfolgreiche Durchführung des Projekts erfordert eine sorgfältige Vorbereitung, um Enttäuschungen und Frustrationen zu vermeiden:
- Videokassetten der ausgewählten Sendung *Corps et âmes* (Bestellnummer 4283752) und „*Schönheit, Fitness – Ansichtssache*" (Bestellnummer 4283750) bestellen[1]; Einzelpreis bei Drucklegung Euro 6,35.
- Didaktischen Kommentar, Zusatztexte, Vokabelliste und Informationen unter www.passe-partout.de herunterladen und ausdrucken.
- Schüler/innen bringen deutsche Jugendzeitschriften mit.
- Schüler/innen zeichnen Fernsehwerbung für Schönheitsprodukte auf.
- französische Partnerschule für das Projekt gewinnen. Adressen findet man z. B. in den Linklisten der Autor/innen am Schluss dieser Broschüre. Tipp:
  http://e-mail.projekt-in.de; http://www.schulpartnerschaften.de; http://www.ac-nancy-metz/fr.
  Auch die Goethe-Institute in Frankreich und Kanada bieten Hilfestellung bei der Suche nach Austauschpartnern. Das *European Schoolnet* unter www.eun.org hilft Ihnen, wenn Sie ein ähnliches Projekt von der Europäischen Union z. B. als Comenius-Projekt durchführen und fördern lassen wollen[2].
- Deutschsprachiges Arbeitsmaterial an Projektpartner senden: Fernsehwerbung, Jugendzeitschriften, Videokassetten von *passe-partout* (Modul 2).

---

[1] Bezugsadresse der Videokassetten: Landesmedienzentrum Baden-Württemberg, Standort Stuttgart, Stadtmedienzentrum Stuttgart, Postfach 13 12 61, 70069 Stuttgart, Telefon (0711) 28 50-6, Telefax (0711) 28 50-780, E-Mail lmz@lmz-bw.de.

[2] Internet-Adressen (URL) können sich schnell ändern. Dann kann man auch über die Suchmaschinen mit Suchwortangabe zu den aktuellen Adressen gelangen.

- Französischsprachiges Arbeitsmaterial vom Projektpartner erbitten.
- Elektronische Wörterbücher bereitstellen, Software installieren.

Wichtig für einen reibungslosen Projektablauf ist die gemeinsame Planung vor der Projektdurchführung. Dabei sind folgende Aspekte zu berücksichtigen:
Vor Beginn eines Projekts ist mit den Lehrkräften der Partnerschule ein Zeitplan festzulegen, wann welche Aktivitäten geplant sind, wann und wie die Beiträge übermittelt, welche Themenschwerpunkte gewählt und welche technischen Möglichkeiten an der jeweiligen Schule genutzt werden können. Die Absprachen müssen sowohl die Voraussetzungen auf der materiellen Ebene wie die methodische Kompetenz der Partner berücksichtigen. Wichtig ist auch der Informationsaustausch über unterschiedliche Ferienregelungen, Feiertage, Projekttage usw. Die Form der Ergebnispräsentation muss ebenso wie die Frage, auf welcher Schulhomepage und in welcher Sprache sie erscheinen sollen, miteinander abgestimmt werden.

Durchführen

MODUL 1
Themenorientiertes Kennenlernen:
- Sich ins Gästebuch der anderen Schulhomepage eintragen / *méls* schicken.
- Die Schüler/innen präsentieren sich selbst im Rahmen einer Werbeanzeige. Sie stellen Produkte oder Lieblingsprodukte zusammen, die für sie typisch sind. Ihr eigener Name wird wie ein Label als Slogan eingebaut und liefert (sprachliche) Anlässe für Nachfragen. Ziel ist es, über die simplen Inhalte wie „Ich bin 14 Jahre alt, habe blonde, schulterlange Haare, zwei Meerschweinchen, einen Bruder und mein Hobby ist Rad fahren..." Interesse beim Austauschpartner zu wecken und gezielte Anlässe für Fragen zu bieten.
- Kontakt aufnehmen, *questionnaire* in der jeweiligen Zielsprache erstellen zu den Themenkomplexen: Taschengeld, Markenbewusstsein, Konsumverhalten, Mode und Werbung.
- Fragebögen austauschen, beantworten und auswerten.

MODUL 2
Hör- und Sehverstehen des didaktisierten Videomaterials *Corps et âmes* der Sendereihe www.passe-partout.de
(*Corps et âmes; Schönheit, Fitness – Ansichtssache*; vgl. Fußnote 1, S. 40)
- *1. Schritt:* Videosequenz ohne Ton vorspielen;
- *2. Schritt:* Vorentlastung des Wortschatzes durch Vokabelliste (vor allem bei lernschwächeren Gruppen);
- *3. Schritt:* globales Hörverstehen nach Ablauf der gesamten Sequenz ohne Stopp;
- *4. Schritt:* detailliertes Hörverstehen durch Ausfüllen von Lückentexten nach 2. Durchlauf der Sequenz (gegebenenfalls mit Stopps zwischendurch).

Die französische Version der Sendung *Corps et âmes* ist vollständig transkribiert und mit didaktischen Hinweisen versehen. Abhängig von der Sprachkompetenz der Lerner lassen sich Lückentexte und andere Übungsformen zu Hör- und Sehverstehen zu den einzelnen Videosequenzen erstellen. Mit Hilfe der Textverarbeitung („Kopierfunktion" verwenden) kann folgende Hörverstehensaufgabe gestellt werden:[1]

Remettez le dialogue dans le bon ordre.
Jeune Française : « Pour moi, la mode c'est important parce que c'est une image, une image extérieure, et maintenant l'image extérieure compte. »
Jeune Allemand : « On fait meilleure impression, cela marche mieux auprès des filles. »
Allemande : « Confortable, facile d'entretien, voilà. »
Jeune Allemand : « C'est une forme d'expression, mais qui ne doit surpasser tout le reste. »
Française : « J'aime bien les choses discrètes, mais qui ont de la classe. »
Jeune Français : « Oui, c'est important, l'apparence. »
Jeune Français : « J'suis pas certain que je sois habillé différemment que des voisins européens. »

Themen, die sich im Rahmen dieser Sendung zur Behandlung im Unterricht anbieten, sind unter anderen:
- *la mode – une question de goût ?*
- *la mode – styles et tendances*
- *il faut souffrir pour être belle*
- *maquillage, tatouage et piercing*
- *les rapports de séduction*

Hilfsmittel : Videorekorder und Arbeitsblätter

---
[1] Aus: www.passe-partout.de, *Corps et âmes, Le script,* « *La mode – une question de goût* ». Der erste und der letzte Satz stehen an der korrekten Position.

MODUL 3
Werbeanzeigen aus französischen (deutschen) Jugendzeitschriften
Die Schüler/innen stellen eine Auswahl von Werbeanzeigen aus französischen (deutschen) Jugendzeitschriften zusammen und präsentieren die Anzeigen auf der Basis folgender Aufträge:
- Produkte beschreiben;
- Werbesprache analysieren;
- mit deutschen Werbeanzeigen vergleichen;
- Ergebnisse auf Plakaten vor der Klasse auf Französisch präsentieren.

Hilfsmittel: Scheren, Klebestifte, Tonkarton

MODUL 4
Analyse der französischen Werbespots
Die Schüler/innen bearbeiten in Kleingruppen die von den französischen Schülerinnen und Schülern auf Video aufgezeichneten Werbespots; mögliche Arbeitsaufträge:
- *Quels sont les produits présentés ?*
- *Est-ce que vous constatez une sonorité typique ?*
- *Notez les slogans.*

Hilfsmittel: Videorekorder, französische Werbespots

MODUL 5
Werbeanzeigen für Jugendzeitschriften in Frankreich oder Deutschland erstellen
- Collagen gruppenweise in der jeweiligen Zielsprache anfertigen;
- bildliche Aussagen in Wörterliste „übersetzen" (z. B. durchgestrichene Hunde = *je n'aime pas les chiens*, Herz + Person = *j'adore* ...);
- fremdsprachliche Collagen scannen, versenden;
- gruppenweise in der jeweiligen Klasse präsentieren;
- nach Clusterprinzip[1] vom Rest der Klasse ordnen + vergleichen lassen (in Tabelle zuordnen: gleiche, ähnliche, andere Produkte ...);
- mit E-Mail-Partner Erfahrungen aus dem gemeinsamen Projekt austauschen (Einbeziehung der affektiven Lernebene).

Hilfsmittel: Scheren, Klebstoff, Scanner, E-Mail-Zugang

MODUL 6
Videoclips
Ein digitaler Camcorder bietet die Möglichkeit, in einer kreativen Projektphase kurze Werbespots in der Fremdsprache zu drehen und den Projektpartnern zu präsentieren. In einer realen Austauschbegegnung bietet sich auch die Arbeit in binationalen Kleingruppen an, um Werbespots auf Deutsch und Französisch zu drehen und z. B. auf dem Abschiedsabend oder der Heimatschule zu präsentieren.

Hilfsmittel: Camcorder

MODUL 7
Beiträge für Foren verfassen
Unter www.passe-partout.de können die Schüler/innen Kommentare verfassen zu Meinungen anderer und eigene Beiträge verfassen. Zu jeder Sendung wird ein themenspezifisches Forum angeboten, das es den Schülerinnen und Schülern ermöglicht, ihre Beiträge im Internet in der Zielsprache zu publizieren. Durch Anklicken des Buttons *Nouvelle contribution* erscheint ein Formular, das problemlos ausgefüllt werden kann.
Besonders geeignet für Stellungnahmen im Sinne von Pro- und Contra-Erörterung sind Inhalte wie *tatouage* (Tätowierung) und *piercing*. Es bieten sich auch andere Diskussionsforen im Netz für Fortgeschrittene an, man findet sie z. B. über die Eingabe des Begriffs in Suchmaschinen wie www.lycos.de oder www.yahoo.de.

MODUL 8
Schüleraustausch – handlungsorientierte Projektphase
Im Gastland wird den Projektpartnern Gelegenheit gegeben, Interviews und Recherchen z. B. in einem Fitnessstudio, in Modegeschäften, mit Gasteltern und Jugendlichen durchzuführen und die Ergebnisse zu präsentieren. Die Fragen sollten in der Lerngruppe vorbereitet werden, bevor die Schüler/innen Interviews in Kleingruppen machen. Auch diese Ergebnisse können später auf der Schulhomepage veröffentlicht werden oder als Hypertexte mit Fotos ins Netz gestellt werden.

MODUL 9
Projektevaluation
Nachdem die vereinbarten Module von beiden Partnern durchgeführt und die Ergebnisse ausgetauscht worden sind, ist es unerlässlich, Projektverlauf und Projektziele zu evaluieren. Die Projektpartner entwickeln dazu einen kurzen Fragebogen, sie versenden ihn per E-Mail, stellen die Ergebnisse als Diagramme dar und senden die Ergebnisse an die Partner zurück.

Dieser Fragebogen ist nur *eine* Möglichkeit der Evaluation und ist nicht im statistischen Sinne aussagekräftig. Er soll gleichzeitig die Lernpartner über den subjektiven Lernzugewinn informieren als auch zum Nachdenken über den individuellen Lernprozess anregen. Nur wer seinen Lernprozess reflektiert, kann ihn verändern.

Mögliche Fragestellungen für einen Fragebogen:
- Welche Module der Einheit haben mir Spaß / wenig / keinen Spaß gemacht?
- Habe ich viel / ein wenig / nichts gelernt?
- Lag der Lernzuwachs auf sprachlicher, kultureller oder eher zwischenmenschlicher Ebene?
- Bei welchem Teil war der Lernzuwachs am größten/ geringsten?
- Was fiel mir eher schwer?
- Was fiel mir eher leicht?
- Wurden die Projektziele erreicht, nur teilweise oder nicht erreicht?
- Hätte ich in derselben Zeit, wenn wir nur mit dem Lehrbuch gearbeitet hätten, mehr / weniger gelernt?

Tipps zum Schluss
Entwickeln Sie auf der Grundlage der Module ein Ihrem Schultyp, Ihren Arbeitsbedingungen und den Bedürfnissen Ihrer Schüler/innen angepasstes Projektkonzept. Einiges kann man weglassen, anderes vertiefen. Die Ziele moderner Medienerziehung wie Kritikfähigkeit, Befähigung zur Beurteilung von Absichten und Strategien in der Werbung, Vergleich medialer Produkte und besonders die Verknüpfung mit und Anwendung von neuer Technologie im Sprachunterricht sollen hier nicht isoliert, sondern im Verbund mit „herkömmlichen" Methoden erreicht werden. In der Schule kommt das Sprechen oft zu kurz – nutzen Sie die audiovisuellen Impulse und multimedialen Angebote verstärkt für zahlreiche Sprechanlässe!

---
[1] Zum Clusterprinzip vgl. Klippert 1997, Literaturhinweise, S. 63.

9 Texte für Gesprächsforen verfassen

Astrid Hillenbrand

Gesprächsforen im Unterricht

Gesprächsforen sind Internetseiten, auf denen Diskussionen zwischen Internetnutzern geführt werden oder Informationsaustausch betrieben wird. Die Seiten sind meistens einsehbar für jeden Internetnutzer und i. d. R. anonym, d. h. die Gesprächspartner können Pseudonyme anstelle ihrer tatsächlichen Namen angeben. Im Gegensatz zu Chats müssen die Gesprächspartner nicht gleichzeitig anwesend sein; Beiträge bleiben im Netz sichtbar stehen.

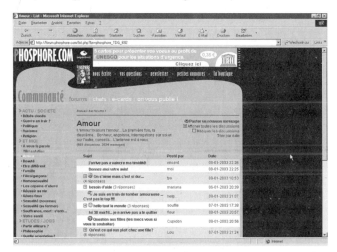

Screenshot der Seite http://www.forum.phosphore.com/list.php?bn=phosphore_TDG_692

Die Foren konzentrieren sich zumeist auf ein oder mehrere vorgegebene Themen. Seriöse Foren werden moderiert und überwacht, sodass man dort normalerweise nicht mit für Schüler/innen ungeeigneten Inhalten rechnen muss.
Lehrer/innen können sich Foren auf mehrerlei Weise für den Unterricht zunutze machen.

Möglichkeiten der Einbindung in den Unterricht

Die **Veröffentlichung von eigenen Texten** ist die reizvollste Möglichkeit der Einbindung. Die Publikation von selbst erstellten Texten wirkt für die Schüler/innen motivierend und erzeugt beim Schreiben aufgrund der Zielorientiertheit und der Möglichkeit einer Reaktion durch einen frankophonen Sprecher eine authentische Kommunikationssituation. Schüler/innen können so in einen spontanen und unverbindlichen Kontakt mit frankophonen Sprechern treten und ein Feedback auf ihre Texte erwarten – ein deutlicher Unterschied zur normalen Unterrichtssituation, in der *Commentaires* meist als Vorbereitung für Klassenarbeiten geschrieben werden.

Ein Blick auf eine Liste von ausgewählten Forenthemen in www.phosphore.bayardweb.com zeigt, dass Lehrer/innen ihren Schülerinnen und Schülern fast zu jedem gängigen Thema Kommunikationsanlässe bieten können; folgende Rubriken können von besonderem Interesse sein: *racisme; sexualité; amour; musique.*
Oft entstehen aber in Foren auch Fragestellungen, die im Unterricht ganz einfach als interessanter Gesprächsanlass oder Impuls für den Einstieg in ein neues Thema dienen können.
Im März 2002, kurz vor den *élections présidentielles*, veröffentlichte ein Mädchen diesen Text in einem Forum zum gleichen Thema:
Voter pour les présidentielles ne sert pas à grand chose car les candidats ne représentent pas la France. Ils sont d'un certain âge et propose un programme qui ne conserne pas les jeunes. De plus ils sont aussi menteurs l'un que l'autre, et ne voyent que dans cette élection un avantage personnel. Alors aidez moi à comprendre le but des élections. (www.phosphore.bayardweb.com, 20.03.2002)

Für einen Unterricht zum Thema *Les jeunes et la politique* bietet natürlich gerade der abschließende Satz einen guten Ansatzpunkt. Nach einer kurzen Besprechung der sprachlichen Besonderheiten bzw. Tippfehler war in einer elften Klasse eine rege Diskussion im Gange, die in einige schriftliche Stellungnahmen mündete, die Léna schon am gleichen Tag unter ihrem Beitrag lesen konnte. Die Freude der deutschen Schüler/innen über Reaktionen ist dann natürlich groß und regt zu einem weiteren Gedankenaustausch an.
Die Eingabe des Textes in ein Forum kann entweder im Klassenverband geschehen oder von einer Schülergruppe übernommen werden, die auch auf ggf. eintreffende Reaktionen wartet[1]. Die Veröffentlichung selbst sollte also keinesfalls als zeitraubendes Hindernis angesehen werden.

Ein Lehrer / Eine Lehrerin könnte jedoch auch selbst ein **Gesprächsforum für seine/ihre Schüler/innen** eröffnen, in dem entweder (in der Fremdsprache) bestimmte unterrichtsnahe Themen besprochen werden oder aber ein allgemeiner Austausch ermöglicht wird. Reizvoll an solchen

---

[1] Mit der Kopierfunktion sind erstellte Texte rasch vom Textverarbeitungsprogramm in das Textfeld des Forenanbieters eingefügt; weder Lehrer/innen noch Schüler/innen müssen lange *online* arbeiten; so bleiben ihnen höhere Verbindungskosten erspart.

Vorhaben ist ebenfalls die Möglichkeit, dass sich andere, evtl. frankophone *Internautes* in das Gespräch miteinschalten – vielleicht auch Austauschpartner der Schüler/innen oder aufmerksam gewordene Lehrer/innen der Partnerschule. Der Unterricht erhält so eine Öffentlichkeit und Außenwirkung, die stark motivieren kann.

Eine elfte Klasse des Gymnasiums Wertingen organisierte z.B. mit Hilfe eines Gesprächsforums das Projekt *Les anciennes colonies françaises*. Zunächst wurde das Thema gemeinsam eingegrenzt, anschließend wurden passende Links gesucht und schließlich die Einteilung von Gruppen *online* diskutiert. Wichtige und langwierige Organisation konnte so aus dem Unterrichtsgeschehen ausgelagert werden. Das Lehrer-Schüler-Gespräch findet zudem in einer druckfreien Atmosphäre ohne zeitliche Schranken statt – die genannte elfte Klasse setzte das Gespräch sogar in den Weihnachtsferien fort.

von Alex am 18.Dez. 2001 19:06

> Alors, le premiere groupe des garcons! Andreas, Joachim, Johannes et moi, nous nous interessons a l'Algerie. Nous vous donnons plus d'informations sur notre plan aussi pendant les vacances.

Ein normalerweise etwas zurückhaltender Schüler äußert sich hier bereitwillig – wenn auch mit ein paar sprachlichen Fehlern – und weist seine Mitschüler auf eine interessante Sendung hin:

von Johannes am 10.Nov. 2001 14:40

> Au jeudi il y aura un film, peut-etre tres interessant, sur a ARTE! Il commencera a 20.45 heure!
> (aus: www.astrid-hillenbrand.de, unter „Schüler/Klasse 11a", 20.05.2002)

Freilich benötigen Foren dieser Art oft eine längere Anlaufzeit und verlangen vom Unterrichtenden als Moderator/in und Verwalter/in auch erhöhtes Engagement und technische Grundkenntnisse, doch die Geduld lohnt sich, wie bereits einige im Internet einsehbare Beispiele zeigen[1]. Natürlich muss darauf geachtet werden, dass Schüler/innen ohne Internetzugang ggf. nicht benachteiligt werden. Auch die Fehlerkorrektur sollte in einem solchen Rahmen von sekundärer Wichtigkeit sein, um das Gespräch nicht zu hemmen.

---

[1] Jean-Pol Martin betreibt bereits seit mehreren Jahren erfolgreich Foren für seine Klassen unter www.ldl.de; siehe auch Forum Klasse 11a unter www.astrid-hillenbrand.de. Auf diesen Seiten finden sich auch Anleitungen zum Erstellen eines Gesprächsforums.

Le français des jeunes sur Internet

Beim Umgang mit Foren müssen unbedingt auch Besonderheiten der in diesen Foren üblichen Sprache beachtet werden: Die Sprache ist spontan und soll unterhalten und amüsieren. Lehrer/innen müssen daher damit rechnen, dass ihre Schüler/innen in den Foren nicht nur auf zahlreiche Tipp- oder/und Rechtschreibfehler, sondern auch auf Neologismen und fantasievolle Wortschöpfungen stoßen, die das Verständnis zwar mitunter erschweren können, aber auch einen interessanten Einblick in moderne Tendenzen des Gegenwartsfranzösisch geben:

Mit *g 17 ans* drückt eine Französin *J'ai 17 ans* aus, indem sie die Phonetik in der orthografischen Umsetzung imitiert. Auch Abkürzungen sind beliebt: *pqe* statt *parce que*, *biz* für *une bise*, *K7* für *cassette*. Die aus Sonderzeichen gebildeten *binettes* (;-) für « ça m'amuse » etc. haben internationale Bedeutung und werden von deutschen Schülerinnen und Schülern meistens auch verstanden. Auch lexikalisch ist die *langue familière* an der Tagesordnung.

Lehrer/innen sollten Schülerinnen und Schülern daher auch die sprachliche Möglichkeit geben, sich situativ passend und adressatenorientiert auszudrücken. Ein spröder Text mit den Floskeln der traditionellen *Commentaires personnels* würde in diesem Rahmen wohl auf wenig Interesse stoßen.

Anders verhält es sich in den Foren der Tageszeitungen, wo bei der Diskussion von anspruchsvollen Themen ein *français recherché* mitunter durchaus üblich sein kann.

Adressen

Empfehlenswert für den Einsatz im Unterricht sind z.B. folgende Forenanbieter:
– die Forenbereiche der großen Tageszeitungen (www.lemonde.fr, www.forum.liberation.fr), v.a. bei politischen und sozialen Themen in der Oberstufe;
– die Forenbereiche von www.phosphore-bayard.com und www.momes.net mit jugendlichen Themen für die Mittelstufe.

Wichtiger Hinweis

Wie bei jeder Art von Internetaktivität sollte die Lehrer/innen auch hier tunlichst auf Datenschutzbestimmungen achten. Deshalb sollten Schülerbeiträge in jedem Fall stets nur mit Vornamen und anonymen E-Mail-Adressen veröffentlicht werden, sodass andere Internetnutzer ggf. keine Rückschlüsse auf weitere Daten (Adresse etc.) ziehen können. Die Publikation von Fotos und/oder anderen Daten darf nur mit ausdrücklicher Zustimmung der Erziehungsberechtigten erfolgen, ist aber in den meisten Foren auch gar nicht notwendig.

10 Das Klassenzimmer öffnen

Manfred Overmann

Cogeo, un professeur virtuel de géographie[1]

Cogeo dont le nom réel est Alexis Ruyant, nous présente un site éducatif interactif sur la géographie. Actuellement six pays sont « disponibles » et peuvent être exploités à loisir avec les élèves dès la deuxième année de français. Outre l'Espagne, les Etats-Unis, l'Italie et le Royaume-Uni, ce sont le Canada et la France qui suscitent tout particulièrement notre intérêt. L'objectif du professeur de géographie virtuel est de dispenser un enseignement interactif en mettant à profit l'exploitation des nouvelles technologies multimédias.

C'est par une promenade virtuelle sur une carte interactive de la France que nos élèves-internautes sont incités à repérer la position de différentes villes. Sur une carte de la France qui s'affiche à l'écran, Cogeo nous demande de placer au bon endroit par un simple clic de souris les villes indiquées. Le professeur virtuel nous demandera par exemple de cliquer sur l'endroit où se trouve Mulhouse ou de choisir parmi une liste de villes celle qui se situe à l'endroit indiqué par Cogeo. L'élève peut déterminer lui-même le degré de difficulté et choisir entre trois niveaux : facile, normal, difficile.

Un système d'autocorrection analyse les réponses, mémorise aussi les erreurs et redemandera aux élèves de replacer certaines villes sur lesquelles ils se sont trompés précédemment. Après chaque exercice, l'apprenant peut consulter la liste des résultats où sont aussi énumérées les erreurs. Cogeo n'est pas un site statique comme la plupart des autres sites sur la toile et peut engendrer grâce à son interactivité et son caractère ludique une motivation accrue chez les apprenants.

Pour approfondir leurs connaissances en géographie, les apprenants peuvent consulter pour chaque pays une fiche d'informations comportant des données démographiques. Et pourquoi ne pas comparer aussi les données entre la France, le Canada et le Royaume-Uni en établissant une grille comparative ? Une connaissance plus approfondie de la géographie et l'utilisation correcte des chiffres dans un contexte authentique sont deux objectifs qui pourront facilement être atteints.

On demandera aux élèves de compléter et de commenter le tableau ci-dessous et de comparer les informations données sur les différents pays. Ensuite ils pourront rédiger un petit texte sur un pays de leur choix selon l'exemple donné et le présenter à la classe.

Tableau comparatif[2]

	France	Canada	Royaume-Uni
Superficie	551.602 km^2		
Population	61.000.000	31.000.000	
Densité		3,2 habitants au km^2	246 habitants au km^2
Population urbaine		77 %	
Espérance de vie a) femme b) homme		81 ans 75 ans	
Population active	44,5%		50 %
Capitale Nombre d'habitants	2 millions / 9,5 avec agglom.		
Régime politique		Etat fédéral	monarchie parlementaire
Langue officielle	français	anglais, français	
Monnaie		dollar canadien	

---

[1] http://www.cogeo.com
[2] http://www.cogeo.com

Voyage virtuel à partir de cartes géographiques interactives de la France

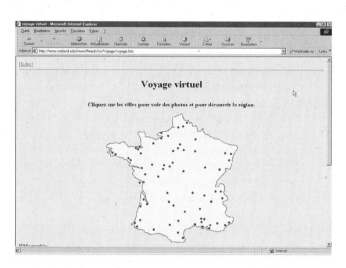

Exemple d'exploitation

La superficie de la France est de 551.602 km² pour une population totale de 61 millions d'habitants. La densité de la population est de 100 personnes au km² et la population urbaine s'élève à 73 %. L'espérance de vie est plus importante pour les hommes que pour les femmes. Les femmes vivent en moyenne jusqu'à 82 ans, l'âge moyen des hommes est seulement de 74 ans. La population active s'élève à 44,5 %. La capitale est Paris. A Paris il y a 2 millions d'habitants intra muros et 9,5 millions en comptant l'agglomération parisienne. La France est une démocratie parlementaire avec un président. La langue officielle est le français et la monnaie l'euro.

Toutefois, pour s'orienter sur la carte de la France et pour avoir un repère fixe, les élèves peuvent activer aussi une carte géographique se trouvant sur le serveur de l'université du Texas :
http://www.lib.utexas.edu/maps/europe/france_admin91.jpg et http://www.lib.utexas. edu/maps/europe/france.gif, se servir de la carte géographique se trouvant dans leur manuel ou activer une autre carte interactive de la France http://www.rando.net/cartes/france/2frame.htm. Pour que les élèves ne soient pas découragés par un nombre trop important de villes, le professeur peut indiquer celles qui sont à apprendre ou tout simplement en fixer un nombre raisonnable et laisser le choix aux élèves. Pour garantir la bonne prononciation, les élèves sont priés de marquer au tableau le nom des villes et de les lire à haute voix. Puis on précisera si la ville se trouve plutôt dans le Nord, le Sud, l'Ouest, l'Est ou le centre de la France. Une ville pourra aussi être localisée par rapport à une autre ville. – Pour terminer le cours, plusieurs élèves ou équipes pourront s'affronter devant la classe sous forme d'un quiz – Cogéo leur posant des questions sur la géographie de la France. A l'aide d'un beamer toute la classe pourra suivre les « grosses têtes ».

les villes :

http://www.cortland.edu/www/flteach/civ/Voyage/voyage.htm

les régions :

http://www.tourisme.fr/carte/france.htm

où:

http://www.pariserve.tm.fr/hotel-france/france.gif

les départements :

http://metaguide.apocalx.com/pic/france.gif

régions, départements, villes :

http://www.cybevasion.fr/france/index.html

où :

http://www.lib.utexas.edu/maps/europe/france_admin91.jpg

carte de France :

http://www.rando.net/cartes/france/2frame.htm

Les élèves apprennent à découvrir la géographie de la France en explorant plusieurs cartes interactives et en s'appuyant sur différents supports. Le travail avec Internet qui s'inscrit dans une démarche de pédagogie active centrée sur des situations-problèmes, génère un apprentissage individualisé et dynamique en respectant le rythme individuel de compréhension et d'assimilation des apprenants et favorise un entraînement intensif et soutenu à la recherche de documentation et à la communication authentique. L'intérêt majeur des cours interactifs sur Internet réside dans le fait que l'apprenant se trouve exposé à une source de documents authentiques quasi inépuisable et rapidement accessible. Il apprend à ne pas vouloir tout comprendre et à ne pas bloquer sur des mots inconnus.

**Exploitation d'une carte virtuelle :
repérer des villes/régions – jeu de mémorisation**
La carte de France virtuelle est présentée sous forme de points sensibles correspondants à des liens sur lesquels l'apprenant peut cliquer. Lorsque l'apprenant positionne le curseur sur les points, le nom de la ville apparaît. Lorsqu'il clique sur les points, le lien est activé et l'élève peut accéder à de multiples informations sur la ville indiquée.

A l'aide de la souris les élèves passent sur les points sensibles des villes et les citent à haute voix (http://www.cortland.edu/www/flteach/civ/Voyage/voyage.htm). Puis ils procèdent de la même façon pour les régions (http://www.tourisme.fr/carte/france.htm). Ensuite le professeur divise la classe en deux, trois ou quatre équipes et leur demande de regarder attentivement la carte (http://www.lib.utexas.edu/maps/europe/france_admin91.jpg) pendant un temps déterminé afin d'essayer de mémoriser le plus grand nombre possible de villes et de régions. Après cet exercice de concentration, les élèves sont priés de noter les villes retenues sur des feuilles qui se trouvent aux quatre coins de la classe. Ils se déplacent à tour de rôle et ne marquent qu'une ville à la fois. Chaque ville écrite correctement donne droit à un point. Une faute d'orthographe est pénalisée par un demi-point. Les équipes se corrigeront mutuellement en se servant de la carte interactive en cas de doute.

Au tableau : expression orale / établir un champ lexical / exercice en chaîne
Selon le niveau des apprenants, le professeur dessine des flèches au tableau (Nord, Nord-Est, Est, Sud …) pour inciter les élèves à compléter les directions. Ensuite les élèves vont à tour de rôle au tableau pour présenter la situation géographique d'une ville. Pour affiner l'expression, l'enseignant attirera notamment l'attention des élèves sur le verbe « être situé » et sur la différence entre « dans le Nord du pays » et « au nord d'une autre ville ».

Passage à l'écrit / travail individuel ou en groupe / présentation des résultats en classe
- En France, où se trouve / est située : Montpellier, Marseille, Bordeaux, Colmar (en Alsace), Concarneau (en Bretagne) Lille, Strasbourg ?
- Par rapport à une autre ville, où se trouve / est située : Montpellier, Marseille, Bordeaux, Colmar (en Alsace), Concarneau (en Bretagne), Lille, Strasbourg ?
- Continuez l'exercice.

Travail de recherche / repérage d'informations / travail individuel ou en groupes / expression écrite / présentation des résultats en classe
Présentez deux villes de votre choix en répondant à quelques-unes des questions suivantes. Puis rédigez un petit texte selon le schéma ci-dessous :

1. Où est située la ville ?
2. Dans quelle région ?
3. Près de quelle autre ville ?
4. Au bord de quel fleuve ?
5. Près de quelle frontière ?
6. Il y a combien d'habitants ?
7. Près de la mer ?
8. Dans quelle(s) montagne(s) ?
9. Quelles sont les spécialités régionales ou curiosités touristiques ?
10. Souhaitez-vous ajouter d'autres informations ?

Exemple :
Marseille est située dans le Sud-Est de la France, en Provence, entre Nîmes et Toulon. Cette grande ville compte 807.000 habitants. Marseille se trouve au sud des Alpes et au bord de la Méditerranée. A Marseille on peut visiter la basilique Notre-Dame-de-la-Garde (19ème siècle) et le château d'If (ancienne prison située sur une petite île, rendue célèbre par le roman d'Alexandre Dumas, *Le Comte de Monte-Cristo*).

Pendant l'exercice, l'enseignant passe de table en table, aide à la compréhension et répond à d'éventuelles questions. Les élèves s'aident aussi mutuellement et échangent des informations. Chaque élève peut solliciter l'aide de son partenaire ou des autres camarades lorsqu'il éprouve des difficultés de compréhension ou de navigation. Le but est de rendre l'apprenant responsable de son apprentissage.

Créativité / Quiz
La mise en commun des résultats peut déboucher sur l'illustration de la carte de France en grand format et servir à la décoration de la classe.
Les élèves peuvent également élaborer un quiz en inscrivant des questions sur des cartes ou en collant des photos de monuments ou d'autres curiosités touristiques sur des cartons. Ensuite, à l'aide de la carte virtuelle et en un temps donné, les différentes équipes qui s'affrontent devront trouver les bonnes réponses. Selon le niveau des élèves les questions ne doivent pas être trop difficiles et se référer à des villes connues.

Quelques exemples de questions :
1. Nice est très connue pour une fête qui a lieu au mois de février. De quelle fête s'agit-il ?
2. Qu'est-ce que le vieux port de Nice abrite ?
3. Quelle est la spécialité de Nice et quelles sont les spécialités de la région *Provence – Alpes – Côte d'Azur* ?
4. Comment s'appelle le célèbre boulevard de Nice ?

5. Quel événement a lieu à Cannes au printemps ?
6. A quel jeu les hommes jouent-ils souvent, même au cœur de la ville ?

Pour aller plus loin
On peut envisager enfin toutes sortes de prolongements. Pour les cours avancés, les élèves pourront traiter librement un sujet lié à la carte de France. En respectant les points importants, ils n'auront aucun mal à préparer des exposés illustrés et commentés en glanant les informations sur Internet. Sous forme d'un petit projet les élèves pourront aussi constituer un livre de cuisine avec les photos et les recettes de spécialités de différentes régions. Pourquoi ne pas préparer aussi un petit plat qui ne soit pas trop compliqué ? Ce travail de recherche et de synthèse pourra être réalisé en groupe et individuellement et pourra s'échelonner sur plusieurs séances.

Ces activités pourraient aussi être proposées sur la base du volontariat, la réalisation d'une recherche documentaire personnelle étant une des clés de l'autonomie. L'élève est mis en situation active, travaille selon son niveau et à son rythme et prendre des initiatives le responsabilise.
Il faut donner aux élèves la possibilité d'être actifs et de s'exprimer afin qu'ils construisent eux-mêmes leur savoir. Il s'agit de développer le processus d'autonomisation en augmentant le degré d'implication individuelle de l'apprenant, aussi affectivement. Enseigner signifie chercher à aider l'apprenant à développer sa capacité à apprendre et à prendre en charge son propre apprentissage. Cet enseignement différencié et personnalisé est destiné à motiver l'élève, à le faire réfléchir, à lui donner confiance en lui-même et à assurer son succès scolaire.

11 Informationen kritisch verarbeiten

Bettina Schwenzfeier

Sie sind daran interessiert, dass Ihre Schüler/innen ein kritisches Bewusstsein bei der Arbeit mit den neuen Medien entwickeln? Sie finden auch, dass die Informationsfülle und Authentizität der Texte neue Methoden für eine effiziente Nutzung erforderlich machen? Dann sind Sie die Kollegin oder der Kollege, an die/den sich dieser Artikel richtet!

Ein sinnvoller Gebrauch der neuen Medien setzt bei Schülerinnen und Schülern heutzutage neben technischen Kenntnissen vor allem Kompetenzen zum Verständnis und zur Analyse medialer Inhalte sowie zu deren kritischen Bewertung voraus.

Landeskundliche Informationen aus WWW und E-Mail gewinnen, bearbeiten und kritisch auswerten

Die folgende Darstellung basiert auf einer 10–12 stündigen Unterrichtsreihe zum Thema „Leben und Lernen in Québec", die mit einer 11. Klasse (2. Fremdsprache Französisch) durchgeführt wurde.

Wie lässt sich eine solche Unterrichtsreihe aufbauen?

- Die Arbeit kann mit einem kleinen Test zu Québec beginnen. Die Schüler/innen erkennen Wissenslücken und entwickeln zugleich Neugierde sowie die Bereitschaft, sich mit der aktuellen Lebenssituation und den Problemen der Menschen in Québec zu beschäftigen.
- Anschließend entscheiden sich die Schüler/innen für einen von vier vorgegebenen thematischen Schwerpunkten (*Politique, Langue, Histoire* und *Culture*) und finden sich themendifferenziert in Gruppen zusammen. Für die Gruppenkonstituierung hat es sich als günstig erwiesen, jeder Gruppe einen sprachlich kompetenten Schüler und einen Computerexperten zuzuweisen.
- Die Schüler/innen wählen nun ausgehend von ihren Interessen Themenschwerpunkte und legen Ausgangsfragen für ihre Arbeit zugrunde. Rolle des Lehrers / der Lehrerin ist es, den Schülerinnen und Schülern bei der Formulierung der Fragen Hilfestellung zu leisten.
- Während der Arbeit mit Internet und E-Mail erarbeiten die Schüler/innen inhaltlich und sprachlich ihre Themenaspekte, indem sie sich eigenständig Material beschaffen, das in der Gruppe diskutiert und bearbeitet wird. Grundlage für die Arbeit an den neuen Medien bildet die Kombination aus diversifizierter Kleingruppenarbeit und Plenarphasen. Die Schüler/innen erwerben in der Gruppe Methodenkompetenzen, die ein selbstgesteuertes und individuelles Lernen ermöglichen[1]. Das vertiefende Lernen geschieht anschließend im Plenum durch die Präsentation, den Vergleich und die Reflexion der Arbeitsergebnisse.

Wie kann die Arbeit organisiert werden?

- Vor Beginn der eigentlichen Reihe hat sich eine Methodenschulung[2] an den Rechnern mit Einweisung in den Gebrauch des Internets als günstig erwiesen. Im Hinblick auf die Arbeit am Internet können Lesetechniken wie *skimming* und *scanning* (Techniken des überfliegenden und textverarbeitenden Lesens) eingeübt werden, um die Suche nach Texten vorzubereiten und diese aus dem großen Angebot an Informationen im Internet schneller analysieren zu können.
- Jeder Gruppe werden mindestens vier Computer mit Textverarbeitungsprogrammen und Disketten zur Verfügung gestellt, damit die Schüler/innen ihre Ergebnisse sofort eingeben und abspeichern können. Ein bereitgestelltes Online-Wörterbuch soll bei der sprachlichen Erarbeitung helfen. Um den neu gewonnenen Wortschatz zu sichern, legen die Gruppen themenbezogene Vokabellisten an.
- Im Hinblick auf die inhaltliche Erarbeitung des Themas mit dem Internet ist es sinnvoll, übersichtliche Homepages zu finden und diese in Form von *signets* (Lesezeichen/Favoriten) anzulegen, ohne die eine Recherche im Internet in der Schule kaum oder nur sehr schwierig zu bewältigen wäre.
- Für die Arbeit innerhalb der Gruppe werden den Schülerinnen und Schülern in den verschiedenen Gruppenarbeitsphasen Funktionen zugewiesen, die vor jeder Gruppensitzung auf einem Protokollblatt eingetragen werden. Diese Arbeitsaufteilung ist wichtig, um niemanden zu überfordern und jedem das Gefühl zu geben, gebraucht zu werden und Mitverantwortung zu tragen. Ein Wechsel der Funktionen während der Gruppenarbeitsphasen kann das Verantwortungsbewusstsein aller Gruppenmitglieder erhöhen. Die Funktionszuweisung wird in jeder Phase neu definiert.

Welchen Stellenwert nimmt die E-Mail-Korrespondenz ein?

- Da E-Mail-Schreiben für die meisten Schüler/innen bereits ab Klasse 7 eine bekannte Kommunikationsform ist, genügt eine kurze Einweisung nach Absprache mit dem Betreuer des Computerraums an der Schule. Dabei sollten die Benutzerregeln für den Computerraum klar festgelegt werden.
- Der stets kognitiv überfrachtete Lernbereich wird durch die E-Mail-Korrespondenz zugunsten einer emotionalen

---

[1] vgl. auch Obermeyer, Jürgen: Internet im Französischunterricht, Ernst Klett Verlag, Stuttgart 1997.
[2] vgl. auch Donath, Reinhard: Internet und Englischunterricht, Ernst Klett Verlag, Stuttgart 1997.

Qualität bereichert, weil eine persönliche Beziehung zwischen den Kommunikationspartners entsteht.
- Für den Zeitraum der landeskundlichen Unterrichtsreihe bietet sich eine Gruppenbriefkorrespondenz an, da sich die Schüler/innen schneller und effektiver über Informationen austauschen können, als dies bei individuellem E-Mail-Austausch möglich ist. Dadurch wird auch die Betreuung, Korrektur und Kontrolle durch die Lehrkraft organisatorisch einfacher. Die Schüler/innen schicken die sich aus der Arbeit mit dem Internet ergebenen offenen Fragen an die Austauschklasse, um ihre bis zum gegebenen Zeitpunkt erarbeiteten Ergebnisse zu vervollständigen und gegebenenfalls zu korrigieren.

Arbeitsschritte zur Informationsauswahl, -verarbeitung und -bewertung

Welche Arbeitsschritte können für einen kritischen Umgang mit dem Material der neuen Medien zugrunde gelegt werden?
Es lassen sich drei Arbeitsphasen unterscheiden, deren Reihenfolge als Progression zu verstehen ist:
- Das Informationsmaterial wird kritisch ausgewählt, gesichtet und inhaltlich und sprachlich im Hinblick auf die Ausgangsfragen erschlossen;
- die vorläufigen Ergebnisse werden in einem *rapport d'avancement* präsentiert und reflektiert;
- und unter Auswertung der Antworten der Gruppenkorrespondenzpartner aus Québec ergänzt und korrigiert.

Wie funktioniert Gruppenarbeit mit kritischer Auswertung des Materials aus dem Internet?
Die Schüler/innen erwerben hier Strategien zur Informationssuche, bei denen sie die Qualität von Internetmaterial (Seriosität des Datenträgers, Aktualität, Objektivität, Zugänglichkeit) beurteilen. Sie trainieren traditionelle Formen der Textarbeit, indem sie lernen, Material zu strukturieren, zusammenzufassen und korrekt zu zitieren.

Wie wählen die Schüler ihr Material aus?
Den Schülerinnen und Schülern wird in den Arbeitsgruppen eine vorher ausgewählte Anzahl von 3 – 4 *signets* präsentiert, die entweder bereits auf dem Rechner für die Schüler/innen eingerichtet sind oder auf einem Arbeitsbogen vermerkt werden. Dabei bietet sich an, neben einigen qualitativ hochwertigen (z.B. Homepages der Regierung von Québec oder von renommierten Tageszeitungen) auch unbrauchbare auszuwählen. Die Schüler/innen werden nun anhand eines Kriterienrasters aufgefordert, die Qualität der Homepages zu analysieren und zu überlegen, mit welchen sie weiter arbeiten möchten.[1]

Critères d'évaluation des signets

Accessibilité :
- Est-il facile de naviguer sur le site ; les liens hypertexte fonctionnent-ils ?
- Le site est-il structuré de manière « logique » ?

Précision :
- Critère 1 : Langue
  Y a-t-il dans dans le texte des fautes de grammaires ou d'orthographes ?
- Critère 2 : Source
  – L'auteur mentionne-t-il la source de ses informations ?
  – A-t-il correctement cité ?
  – S'agit-il d'un site officiel ou d'un site privé ?
- Critère 3 : Actualité
  Les informations données et les liens hypertexte sont-ils actuels ?
- Critère 4 : Objectivité
  Les informations sont-elles ou vous semblent-elles objectives ?
- Critère 5 : Contenu
  Les informations sur le contenu sont-elles suffisantes ou complètes ?
- Critère 6 : Clarté
  Les informations sont-elles clairement présentées ?

Utilité :
- Le texte est-il rédigé pour des élèves ou plutôt pour des spécialistes ?
- Le degré d'interactivité est-il approprié ?

Attractivité :
- Le site contient-il des graphiques, des photos ou d'autres images ?
- Les graphiques et les images ont-ils une fonction précise ?

Conclusion :
- Pouvez-vous vous fier à ce site pour vos recherches ?
- Utiliseriez-vous ce site une nouvelle fois et le recommanderiez-vous à un ami ?

Plus vous aurez répondu aux questions par « oui », plus vous pourrez considérer le site comme bonne source d'informations.

---

[1] Alexander, J.E./Tate, M.A.: Web Wisdom: How to Evaluate and Create Information Quality on the Web, Lawrence Erlbaum Associates, 1999.

Nach Analyse der *signets* werden die Ergebnisse von einem Schüler/einer Schülerin aus der Gruppe präsentiert.
Für die Arbeit in der Gruppe können den Schülerinnen und Schülern folgende Funktionen zugewiesen werden:
Der *rédacteur* fasst nach der Diskussion über die *signets* alle Wortbeiträge zusammen und übergibt sie dem *responsable de la présentation*. Damit neues Vokabular auch festgehalten und gelernt werden kann, erstellt der *responsable de la langue* eine Vokabelliste, ein Weiterer achtet als *responsable de l'organisation du temps* auf ein effektives Fortkommen und ein Letzter kümmert sich in der Funktion des *chef de groupe* u. a. um eine ausgewogene Beteiligung innerhalb der Gruppe.[1]

Wie erfolgen Sichtung und Aufteilung des Materials?
Alle Schüler/innen der Gruppe sichten zunächst die ausgewählten Materialien in Bezug auf die Ausgangsfragen (siehe *Critères d'évaluation des signets*, S. 50) und teilen ihre Arbeit so auf, dass jeder Schüler/jede Schülerin am Ende einen Teil der Ergebnisse vor dem Plenum präsentiert. Die Aufteilung der Aufgaben wird auf dem Protokollblatt vermerkt.

Wie wird das Material erschlossen?
Die Schüler/innen strukturieren zunächst das gefundene Material, fertigen Kurzzusammenfassungen an und erstellen einen zusammenhängenden Text mit Quellenangaben der Homepages als Antworten auf die Ausgangsfragen.

Wie und wozu eine Reflexion der Ergebnisse im Plenum?
Die Schüler/innen bekommen hier die Gelegenheit, über ihre bisherigen Ergebnisse zu berichten, offene Fragen an das Plenum zu richten und ein Feedback in Form von konstruktiver Kritik, Hinweisen und Ideen zu erhalten.

Wie wird die Präsentation der Ergebnisse vorbereitet?
Die Schüler/innen legen innerhalb ihrer Gruppen die Vorgehensweise bei der Präsentation ihrer Ergebnisse fest und notieren ungeklärte Fragen. Zur Sicherung des Textverständnisses fertigen sie Listen mit unbekannten Vokabeln an, die für alle kopiert werden.

Règles pour le travail de groupe

(d'après Klippert[2])

Devoirs:
Chacun parmi vous a une *tâche spécifique*. Mettez-vous d'accord pour que chacun ait un devoir.

Le chef de groupe : Responsable de l'organisation et de la coordination
- fait attention à ce que chacun ait une tâche précise en rapport avec la recherche sur Internet
- dirige la discussion et encourage tous les membres du groupe à y participer
- interdit des conversations entre les élèves et veille à la discipline

Le responsable de l'organisation du temps :
- veille à ce que le travail ait lieu dans les temps

Le responsable du vocabulaire et de la langue :
- relève les mots inconnus des signets et cherche leur signification dans le dictionnaire du web
- note les mots inconnus dans une liste de vocabulaire
- fait attention à ce qu'on parle français en groupe

Le rédacteur :
- prend des notes pendant la discussion
- veille à la discipline et interdit les conversations personnelles
- pose des question si quelque chose n'est pas clair
- rédige le compte-rendu par écrit pour la présentation

Le responsable de la présentation :
- prépare et discute les méthodes de présentation
- présente les résultats

Attention:
- Les groupes doivent être conscients du temps qui leur reste pour leur travail.
- Les responsables de présentation doivent être capable de faire une présentation à chaque moment.
- Les rôles des spécialistes changent à chaque session de groupe (ce qui permet à chaque membre de comprendre l'importance d'une participation active et constructive).

---

[1] vgl. auch Donath, Reinhard: *Rules for working in a group*. Arbeitsblatt online http://www.englisch.schule.de/lerntech1.htm (19.08.2002)
[2] Klippert, Heinz: Teamentwicklung im Klassenraum. Übungsbausteine für den Unterricht, Beltz Verlag, Weinheim und Basel 1998.

Wie erfolgt die Präsentation der Ergebnisse?
Die Gruppen berichten über ihre Arbeitsergebnisse und nennen auch die noch ungeklärten Fragen. Die zuhörenden Schüler/innen machen sich Notizen für die dann erfolgende inhaltliche Auseinandersetzung in der ganzen Gruppe.

Wie werden die Ergebnisse im Plenum reflektiert?
Nach einer kurzen Gruppenarbeitsphase, während der alle Schüler/innen ihre Notizen auswerten und austauschen, kommt aus jeder Gruppe eine Schülerin bzw. ein Schüler nach vorne. Sie schildern dem Plenum die offen gebliebenen Fragen, sodass gemeinsam an Antworten gearbeitet werden kann. Nicht zu klärende Fragen werden von den Schülerinnen und Schülern an ihre Partner in Québec geschickt. In der Folgestunde bietet sich ein kurzer Erfahrungsbericht über Vorgehensweise und Probleme aus den Gruppen an, um auch methodische Lernprozesse zu reflektieren.

Wie können E-Mails (kritisch) in Gruppenarbeit ausgewertet werden?
Die Schüler/innen erkennen hier, dass E-Mails im Vergleich zu vielen Webseiten, zumal zu den offiziellen, nicht nur Fakten enthalten. Informationen aus Briefen sind mit Vorsicht zu genießen, da diese aus einer bestimmten Perspektive weitergegeben werden und auf ihre Richtigkeit überprüft werden müssen.

Wie können die E-Mails ausgewertet werden?
Die Schüler/innen fassen in Gruppenarbeit die zentralen Aussagen der Antwortbriefe aus Québec zusammen und fertigen eine Vokabelliste an.
Die Schüler/innen diskutieren die Ergiebigkeit der Antworten ihrer Briefpartner/innen für ihr Ausgangsziel anhand eines vorgegebenen Analyserasters (Eingehen auf die Fragestellung, Schlüssigkeit der Argumentation, Differenziertheit der Darstellung) und reflektieren die nun vorhandenen Informationen aus der WWW-Recherche und den erhaltenen E-Mails.
Die Ergebnisse werden nach der Gruppenarbeitsphase im Plenum präsentiert. Die Absicherung in der Kleingruppe vor der Diskussion im Plenum gibt Leistungsschwächeren Selbstvertrauen, sich am Unterrichtsgespräch im Plenum zu beteiligen.

Landeskundeunterricht mit Internet-Informationen

- Durch die Analyse der WWW-Texte und der E-Mails lernen die Schüler/innen, dass Material aus dem Internet mehr falsche, unvollständige Informationen oder subjektive bzw. emotionale Aspekte enthalten kann als das normalerweise bei gedrucktem Material aus Lehrbüchern der Fall ist.
- Aufgrund der Vielfalt von Informationen von Webseiten sowie der Kommunikation mit E-Mail-Partnern in Gruppen werden sie angeleitet, selbstbestimmt, forschend und kooperativ zu lernen.
- Die Organisation innerhalb der Gruppe ermöglicht binnendifferenzierende Arbeitsformen, die sich aus der Aufgabenverteilung (Arbeit am Computer, Arbeit mit unterschiedlichen WWW-Adressen und Lernpartnern) von selbst ergeben.
- Die Schüler/innen erwerben Schlüsselqualifikationen wie den selbstständigen, forschenden Umgang mit den neuen Medien und die Kooperation mit unbekannten Partnern, die sie auf das Berufsleben und/oder die Universität vorbereiten.

12 Den Kindern das Wort geben
Dagmar Odenthal

„Den Kindern das Wort geben" – Célestin Freinet tat es mit Bleilettern und Wandzeitungen – wir sollten es mit den Mitteln unserer Zeit tun!

Das folgende Glossar mit nützlichen Satzmustern für Internet-Anwendungen wurde mit Hilfe der Software PONS LEXIFACE[1] angelegt. Es handelt sich um ein zweisprachiges elektronisches Wörterbuch, mit dem man in getrennten Spalten eigene „Benutzerwörterbücher" erstellen kann. Für die Unterrichtsarbeit ist das nützlich, wenn Wörterlisten zu einem Thema angelegt werden sollen. Die Software ermöglicht ohne zusätzlichen Wechsel von Verzeichnis oder Anwendung die Bearbeitung und Speicherung auf der Festplatte. Das Besondere an diesem CD-ROM-Wörterbuch ist die Übersetzung von Wörtern auf Internet-Seiten. Wenn das elektronische Wörterbuch aktiviert ist, zeigt sich beim Bewegen des Mauszeigers über fremdsprachige Wörter automatisch in einem kleinen Fenster deren Übersetzung. Wenn man mehrsprachige PONS LEXIFACE installiert hat, erkennt das Programm von selbst die Sprache und übersetzt entsprechend. Bei homologen Wörtern wie *inondation* kann man durch Anklicken die Sprache wählen oder wechseln. Wenn die Software auf dem Rechner installiert ist, läuft das Programm auch ohne eingelegte CD.

Alors, branchez-vous, les cybernautes !

Französisch	Deutsch	Kommentar/Anwendung
l'agent *m* de compression	Programm zum Komprimieren von Daten	z. B. WinZip
l'aide *m* (programme)	Hilfe-Funktion	
ajouter aux favoris	Bookmark (Lesezeichen) setzen	damit man häufig aufgesuchte URL schneller wiederfindet; siehe auch le *signet*
annuler / revenir en arrière	rückgängig machen	Pfeil nach links zeigend (bei *Word*)
l'ar(r)obas *m* [aʀɔba(z)]	@, Klammeraffe	Tasten *Alt Gr + Q* drücken
l'ascenseur *m*	Scrolltaste	Bildlaufleiste/grauer Balken rechts und unterhalb des Textes
se déplacer avec l'ascenseur en haut et en bas	nach oben und nach unten scrollen	
la banque de données	Datenbank	
le bavardage	Chat	Dialog mit unbekannten Teilnehmern im Internet
se bloquer	„abstürzen"	Programm/Anwendung läuft nicht mehr
la boîte aux lettres électroniques	Mailbox	
le bug *anglais*, la bogue	Fehler	
le cédérom (CD-ROM)	CD-ROM	
introduire un cédérom dans le lecteur	CD-ROM ins Laufwerk legen	
charger un programme	ein Programm herunterladen	ein Programm aus dem WWW auf dem eigenen PC installieren
le clavier	Tastatur	
cliquer à gauche / à droite de la souris	linke/rechte Maustaste drücken	
cliquer deux fois, double cliquer	doppelklicken	
cliquer sur le bouton droit/gauche	rechte/linke Maustaste drücken	
cliquer sur l'icône	auf das Ikon (Bildsymbol) klicken	
coller	einfügen	Symbol in der Standardleiste (bei *Word*) oder *Strg + V* drücken
se connecter sur Internet	sich ins Internet einloggen	
la connexion	Verbindung	
obtenir une connexion à Internet	eine Verbindung ins Internet erhalten	
consulter des messages reçus	eingegangene Nachrichten abrufen	aus der Mailbox oder vom Handy
couper	ausschneiden	Symbol „Schere" in der Standardleiste (bei *Word*) oder *Strg + X* drücken

---

[1] Nähere Informationen dazu unter www.pons.de.
Über Anwendungsmöglichkeiten elektronischer Wörterbücher siehe auch A. Grünewald „Überblick gewinnen", S. 13.

Französisch	Deutsch	Kommentar/Anwendung
copier	kopieren	Symbol in der Standardleiste (bei *Word*) oder *Strg + C* drücken
le **courrier électronique**, le **courriel**	E-Mail	vgl. auch *le mél*
le **curseur**, le **cursor**	Cursor	
le **démarrage**	Start	
démarrer	(ein Programm) starten	
déplacer le curseur sur l'écran (haut ou bas)	Cursor auf dem Bildschirm (hoch oder runter) bewegen	
le **disque dur**	Festplatte	
la **disquette**	Diskette	
donner son adresse électronique à qn	jdm seine E-Mail-Adresse geben	
le **double clique**	doppelter Mausklick	
faire un double clique avec la souris	doppelten Mausklick machen	
l'**écran** *m*	Bildschirm	
effacer	löschen	
en ligne	online	Telefonverbindung aktiv
travailler en ligne	online arbeiten	
l'**en-tête** *m*	Kopfzeile	
l'**espace** *m*	Leerzeile, Leerzeichen zwischen Wörtern	Wenn man Suchbegriffe verbinden will, ersetzt das Leerzeichen das <et>
l'**espace libre/utilisé**	freier/belegter Speicherplatz	
l'**explorateur** *m* **windows**	Windows-Explorer	Windows-Browser
faire suivre (un mél)	(E-Mail) weiterleiten	
le **fichier**	Datei	
ouvrir/fermer un fichier	Datei öffnen/schließen	
le **fichier attaché**	attachment	an E-Mail angehängte Datei
la **flèche**	Pfeiltaste	
la **flèche avant/arrière**	Pfeiltaste aufwärts/abwärts	
le **fournisseur d'accès (Internet)**	Internetprovider	
formater	formatieren	
le **forum de discussion**	Diskussionsforum (im Internet)	
gérér son portable depuis son PC	Handy am PC einloggen	☞ Präposition *depuis*
glisser & déposer	drag & drop	markieren & an anderen Ort verschieben
hors connexion	ohne (Telefon-)Verbindung	
hors ligne	offline	
travailler hors ligne	offline arbeiten	bei unterbrochener Verbindung zum Server, wobei die entsprechende Seite vorher auf den eigenen Rechner geladen wird
le **hypertexte**	Hypertext	im Web befindliche, nicht hierarchisch geordnete HTML-Dokumente
installer	installieren	ein Progamm / eine Anwendung auf dem eigenen PC einrichten
l'**internaute** *m/f*	Internet-Surfer(in)	auch: *le, la cybernaute*
l'**imprimante** *f*	Drucker	
le **lecteur de cédérom (CD-ROM)**	CD-Rom-Laufwerk	
le **lecteur de disquettes**	Diskettenlaufwerk	
le **lien**	Link, Verweis	
le **lien hypertexte**	Hypertext-Link	Querverweis auf ein anderes WWW-Dokument
la **liste de diffusion**	Mailing-Liste (Newsletter)	wer sich dort einträgt, bekommt alle Beiträge regelmäßig per E-Mail zugeschickt
le **logiciel**	Software	häufig wird das engl. Wort *software* benutzt
le **logiciel éducatif**	Lernsoftware	auch: *le software éducatif*

Französisch	Deutsch	Kommentar/Anwendung
marquer	markieren	
un **mél**, un **e-mail**	E-Mail	vgl. auch *le courrier électronique, le courriel*
la **mémoire**	Speicher	
la **mémoire morte (ROM)**	ROM, Festspeicher	
la **mémoire vive (RAM)**	RAM, Schreib-Lese-Speicher	
mettre en **gras/italique**	fett/kursiv gedruckt schreiben	
mettre en **surbrillance**	farbig hinterlegen	Wort vorher markieren
le **modem**	Modem	versendet die Daten vom PC aus über das Telefon an den Empfänger
le **mot de passe**	Passwort	kontrolliert die Zugangsberechtigung eines Nutzers
le **moteur de recherche**	Suchmaschine	z. B. google.fr, lycos.fr, yahoo.fr, yahoo.ca
les **mots-clés** *m*	Schlüsselwörter, Suchbegriffe	werden entweder durch <espace> oder <ET> verbunden
le **navigateur**	Browser	Programm, das das Internet durchsucht
naviguer sur Internet / la toile / le web	im Internet surfen	☞ Präposition *sur*
l'**ordinateur** *m*	Computer	
allumer/éteindre l'ordinateur	Computer hoch-/herunterfahren	
organiser (des **favoris**)	verwalten (Bookmarks/Favoriten)	im Internet-Explorer in der Menüleiste unter „Favoriten" → „Favoriten verwalten"
les **outils** *m* de recherche	Suchwerkzeuge	
ouvrir le **programme**	Programm öffnen	
la **page d'accueil**	Homepage	
se **planter** *fam*	„abstürzen"	siehe auch *se bloquer*
la **recherche approfondie**	erweiterte Suche	erscheint als Option bei Suchmaschinen in französischer Sprache
la **recherche par catégorie**	Suche in Rubriken	Suchmaschinen ordnen in der Regel nach Rubriken
sauvegarder	sichern	
le **scanneur/scanner**	Scanner	Gerät zum Einlesen und Übermitteln von Daten in den PC
scanner	scannen	Bildvorlage über ein Zusatzgerät (= Scanner) einlesen und über den PC verschicken
le **serveur**	Server, Zentralrechner	
le **signet**	Bookmark, Favorit, Lesezeichen	siehe auch *ajouter aux favoris*
un **SMS**, un **texto**	SMS, Sprach(kurz)nachricht	
envoyer/recevoir un SMS	SMS schicken/empfangen	
supprimer	löschen	
surfer sur le net	im Netz surfen	☞ Präposition *sur*
surligner	markieren	z. B. ein Wort oder einen Satz
taper	tippen	
télécharger	herunterladen, downloaden	
la **touche**	Taste	
la **touche majuscule/minuscule**	Groß-/Klein(schreib)-Taste	
le **traitement de texte**	Textverarbeitung	
transférer	verlagern (von Dateien oder Teilen eines Textes)	Text markieren, mit *Strg X* ausschneiden oder *Strg C* kopieren und mit *Strg V* einfügen
le **virus**	Computervirus	
le **web/WEB**	WWW, Web, World Wide Web	

13 Französische Sonderzeichen schreiben

Rolf-Peter Wegner

Französische Sonderzeichen mit der deutschen Tastatur schreiben

Es gibt verschiedene Möglichkeiten französische Sonderzeichen zu schreiben:
- Schreiben mit dem ALT-Code
- Schreiben mit dem STRG-SHIFT-Punkt, -Komma und -6-Code
- Schreiben von Sonderzeichen/Symbolen mit *Word*
- Schreiben von Sonderzeichen mit der AutoText-Funktion von *Word*
- Schreiben mit der Französischen Tastatur nach Sprachumstellung

Mit der Tastenkombination ([Alt] + Code)

Das Zeichen „+" bedeutet: Drücken Sie die ALT- Taste und geben den Zahlencode aus der Liste in der rechten Spalte (grau unterlegt) mit den Zifferntasten der „Numerischen Tastatur" ein. Vorher Taste [Num] (1) einschalten! Wer keine separate „Numerische Tastatur" hat, z. B. auf einem Notebook, drückt die Taste „Num" – oft mit „Shift-Num" – dann die entsprechend gekennzeichneten Buchstabentasten verwenden: M für 0; J, K, L für 1, 2, 3 usw.

Die aktivierte Tastatur wird mit der Leuchtdiode „Num Lock" (2) angezeigt.
Die Zeichen, die am Anfang der Zeile stehen, werden in Word standardmäßig *automatisch* groß geschrieben! Sollte es vorkommen, dass nach Eingabe des Codes das Sonderzeichen nicht erscheint, wiederholen Sie die Eingabe.

Beispiel:
Ë ([Alt] +0235) großes Zeichen, aber der Code[1] für das kleine Zeichen! Mit gleichem Code (ALT+0235) hier das ë *im* Text. Möchten Sie das verhindern, deaktivieren Sie diese Wordfunktion.

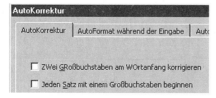

Öffnen Sie das Menü „Extras"/„Optionen", wählen die Registerkarte „AutoKorrektur" und schalten im Optionsfeld[2] „Jeden Satz mit einem Großbuchstaben beginnen" aus.

| ë (ALT+0235) | ï (ALT+0239) | ç (ALT+0231) | œ (ALT+0156) |
| Ë (ALT+211) | Ï (ALT+0207) | Ç (ALT+0199) | Œ (ALT+0140) |

Mit der Tastenkombination ([Strg] + [⇧] + Punkt)
ë → (STRG+SHIFT+Punkt), dann e[3]
Ë → (STRG+SHIFT+Punkt), dann SHIFT+e
ï → (STRG+SHIFT+Punkt), dann i
Ï → (STRG+SHIFT+Punkt), dann SHIFT+i

Mit der Tastenkombination ([Strg] + [⇧] + Komma)
ç → (STRG+Komma), dann c
Ç → (STRG+Komma), dann SHIFT+c

Mit der Tastenkombination ([Strg] + [⇧] + 6)
œ → (STRG+SHIFT+6), dann o
Œ → (STRG+SHIFT+6), dann SHIFT+o

Französische Anführungszeichen
Ganze Anführungszeichen:
« → ([Alt] +0171), auch (ALT+174)
» → ([Alt] +0187), auch (ALT+175)
Halbe Anführungszeichen:
› → ([Alt] +0155)
‹ → ([Alt] +0139)

Das Euro-Zeichen
EUR → ([Alt] +0128)

Ordnungszahlen
º → ([Alt] +167)
Für die Kennzeichnung von Ordnungszahlen und Abkürzungen können Sie auch das deutsche Gradzeichen (°) verwenden. Sie erreichen das Zeichen mit: [⇧] +^. Das Zeichen finden Sie links in der waagerechten Zifferntastaturreihe.
Beispiel: 1°, 2°, 3° usw. Abkürzung von « numéro » n° oder N°

Das Dialogfenster „Sonderzeichen/Symbole" von Word 97 und Word 2000
Word 97
Eine weitere Möglichkeit fremdsprachige Sonderzeichen in den Text zu übernehmen ist die Nutzung der *Sonderzeichen/Symbole* von *Word*.
So wird's gemacht: Mit „Einfügen" und der Option „Sonder-

---
[1] Tastenschlüssel
[2] Rechteckiges Eingabefeld, das mit einem Häkchen versehen die nachstehende Option aktiviert
[3] So wird's gemacht: [STRG] + [SHIFT] gedrückt halten, [.] tippen, [STRG] + [SHIFT] loslassen, [e] tippen

Französische Sonderzeichen schreiben

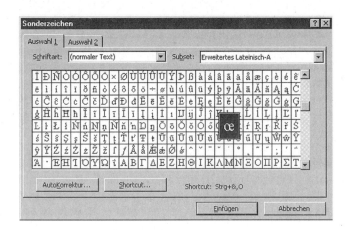

Symbol-Fenster von Word 97

zeichen" in der Menüleiste öffnen Sie in Word 97 das Fenster „Sonderzeichen" mit den Registerkarten „Auswahl 1" und „Auswahl 2".

Im Formularfeld „Schriftart" finden Sie die Bezeichnung der Schriftart, die im Fenster darunter dargestellt wird. Wählen Sie „Normaler Text". Es stehen nicht immer alle Zeichen in jeder Schriftart zur Verfügung!

Word 2000
Die Funktion „AutoKorrektur" bei *Word 97* ist adäquat in Word 2000 zu nutzen. Unter *Word 2000* hat das Dialogfenster die Bezeichnung „Symbol". Es enthält die Registerkarten „Symbole" und „Sonderzeichen". Sie öffnen es über das Menü:

Doppelklick mit der linken Maustaste auf das Menü „Einfügen"!
So wird's gemacht:
Einzelne Zeichen aus der Tabelle in den Text übernehmen:
- Um ein **einzelnes Sonderzeichen** einzufügen, stellen Sie den Cursor (Einfügemarke) an die Stelle, an der das Zeichen eingefügt werden soll. Klicken Sie dann auf das gewünschte Zeichen in der Tabelle und übernehmen es mit „Einfügen" in Ihren Text.
- Mit der **AutoKorrektur**[1] können Sie eine Zeichenfolge[2] angeben, die in ein anderes Zeichen umgewandelt wird, wenn sie im Text mit einem nachfolgenden Leerzeichen eingegeben wird:
  Zunächst markieren Sie dazu das Ergebnis-Zeichen[3] in der Tabelle, danach wählen Sie über das Menü „Einfügen/

Sonderzeichen" (Symbol) und klicken auf „AutoKorrektur". Im „AutoKorrektur-Fenster" sehen Sie das von Ihnen ausgewählte Zeichen. Geben Sie nun unter „Ersetzen" eine Zeichenfolge ein, die das betreffende Zeichen umwandeln soll. Beenden Sie die „AutoKorrektur", schließen Sie das Fenster.

Soll das Sonderzeichen in ein Wort eingefügt werden, setzen Sie ein Leerzeichen, den Zeichencode und wieder ein Leerzeichen!

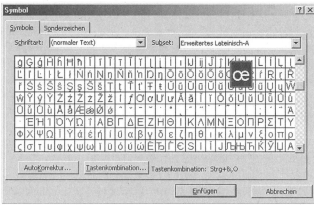

Sonderzeichenfenster von Word 2000

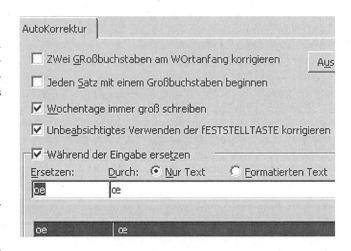

Eingabe der Zeichenfolge

Anpassen der Tastatur
Shortcuts[4] erstellen

Klicken Sie dazu auf die Schaltfläche „Tastenkombination" und wählen einen für Sie sinnvollen *Shortcut*. Zukünftig erzeugen Sie bei Anwendung dieses *Shortcut* das gewählte Sonderzeichen im Text. Sollte es bereits definierte *Shortcuts* geben, können Sie auch diese verwenden! Testen Sie diese aber vorher, oft funktionieren sie nicht und Sie müssen doch eigene generieren.

---

[1] Bei der Eingabe einer Zeichenfolge wird dafür ein Sonderzeichen automatisch in den Text übernommen.
[2] Zeichencode
[3] Das Sonderzeichen, das in den Text eingefügt werden soll.

[4] Tastaturkürzel

So wird's gemacht:
Für den Diphthong œ ist die Tastenkombination mit
[Strg] + &, dann [⇧] + o angegeben.

Sonderzeichen mit der AutoText-Funktion von *Word*
Die eleganteste Möglichkeit bietet *Word* mit dem „Autotext". Vorher müssen Sie „einmalig" die Sonderzeichen (z. B. mit dem auf den Vorseiten beschriebenen Code) erstellt haben.

AutoTexte erarbeiten und speichern
So wird's gemacht:
- Für den AutoText vorgesehene französische Zeichen markieren.
- Menü: Extras
- Befehl: AutoKorrektur ...
- Registerkarte: AutoText

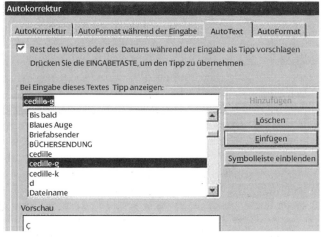

- Links neben „Hinzufügen" einen sinnvollen, auf den Inhalt des AutoTextes hinweisenden Namen eintragen oder gleich das „Zeichen" verwenden.
- „Hinzufügen" bzw. „OK"

Abrufen der Autotexte, der Sonderzeichen
Unter Menü „Einfügen/„Autotext"/„Textkörper" finden Sie das erstellte französische Sonderzeichen. Sie können es mit einem Klick darauf komplikationslos in Ihren Text übernehmen. *Word* bietet auch die Möglichkeit, eine Schaltfläche für das Sonderzeichen zu generieren. Informieren Sie sich über die Word-Hilfe!

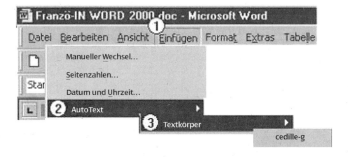

Schreiben mit der Französischen Tastatur nach Sprachumstellung
Unter dem Betriebssystem *Windows ME* können Sie insgesamt fünf französische Tastaturen einstellen: Französisch-Standard, Französisch-Luxemburg, Französisch-Schweiz, Französisch-Kanada, Französisch-Belgien.
Eventuell benötigen Sie zur Einrichtung die Windows-CD - bitte bereithalten!
So wird's gemacht:
- Klicken Sie auf „Start", wählen Sie „Einstellungen" (1) / „Systemsteuerung" (2).
- In der „Systemsteuerung" wählen Sie „Software".
- Wählen Sie die Registerkarte „Windows-Setup".
- Aktivieren Sie das Kontrollkästchen vor „Sprachenunterstützung" (3).

Damit haben Sie alle Sprachen ausgewählt. Wenn Sie zum Einlegen der Installations-CD aufgefordert werden, folgen Sie den Hinweisen.
- Beantworten Sie weitere Nachfragen mit „OK".

Jetzt ist das Betriebssystem für die Unterstützung von Fremdsprachen vorbereitet. Um fremdsprachige Zeichen am Bildschirm anzuzeigen oder mit der Tastatur erzeugen zu können, muss die jeweilige Sprache noch aktiviert werden.
So wird's gemacht:
- Öffnen Sie wieder den Ordner "Systemsteuerung" und klicken auf „Tastatur" (1).
- Wählen Sie die Registerkarte „Sprache" (2) und klicken auf „Hinzufügen".
- Klicken Sie die gewünschte französische Sprache an und bestätigen Sie mit „OK" (3).

In der Taskleiste sehen Sie, bei aktivierter „Sprachanzeige (Taskleiste)", die unter 4 dargestellte Wahlmöglichkeit der Sprachumschaltung. Sie können eine der beiden Sprachen als Standardsprache einstellen, das heißt, nach jedem Neustart des Computers ist dann diese Sprache aktiv.

Anmerkung:
Standard ist die **aktivierte** Anzeige der Sprachanzeige in der „Taskleiste" (Sprachikon). Zu finden rechts am unteren Bildschirmrand. Zusätzlich haben Sie die Möglichkeit die Sprache mit der [Alt] + [⇧] zu wählen.

60 Französische Sonderzeichen schreiben

Sollten Sie oft unterschiedliche Fremdsprachen nutzen, ist es günstig das Kontrollkästchen vor „Sprachanzeige" zu aktivieren bzw. aktiviert zu lassen!

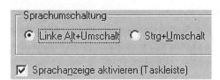

Sprachanzeige aktivieren

So können Sie wahlweise in der Taskleiste mit einem linken Mausklick auf das Sprachikon zwischen der Tastatur/Sprache „Deutsch" und „Französisch" umschalten.

Sprachumschaltung in der Taskleiste

Sie finden nach dem Einschalten der französischen Tastatur wichtige französische Zeichen z. B. auch unter den Zifferntasten.
In der Tabelle sehen Sie, welche französischen Zeichen unter den Tasten der Ziffern-Tastenreihe zu nutzen sind.
Nicht dargestellte französische Zeichen werden durch Tastenkombinationen „ ⇧ + entsprechendes Zeichen" und „ AltGr + entsprechendes Zeichen" dargestellt!

Deutsch	Französisch
^	2
1	&
2	é
3	"
4	'
5	(
6	-
7	è
8	_
9	ç
0	à
ß	)
´	=

Beispiel:
⇧ +ü, dann i erzeugt ï
⇧ +ü; dann ⇧ I erzeugt Ï
Mit der Alt Gr-Taste wird die Tilde „~" unter dem Zeichen „2" erzeugt.
Beispiel:
AltGr +2, dann Q erzeugt ã
AltGr +2, dann ⇧ Q erzeugt Ã (deutsch Q ist auf der französischen Tastatur A)

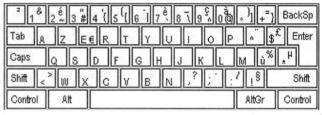

Layout der französischen Tastatur

Wollen Sie wieder deutsche Zeichen und Sonderzeichen (ü, ö, ä, ß) verwenden, müssen Sie die Tastatur wieder auf „Deutsch" umschalten!
Eine große Hilfe bietet Ihnen die Internetseite der Firma „Microsoft".
Unter der Adresse:
http://www.microsoft.com/globaldev/keyboards/keyboards.asp
können Sie sich das Tastaturlayout der französischen Tastatur in animierter Funktion ansehen und während des Schreibens immer einen Blick auf dieses werfen – ein tolles Hilfsmittel.
Eine weitereres Angebot im Netz beschäftigt sich ebenfalls mit dem Thema: „Ihr PC lernt Fremdsprachen". Diese Seite finden Sie unter:
http://www.easykey.de/easykey-map-lernt.html.

Das flexible Tastatur-Cover EasyKey deckt nur die mit Buchstaben versehenen Tastenreihen ab und ist deshalb auf 99% aller europäischen PC-Tastaturen einsetzbar. Hersteller und Typ der Tastatur sind im Gegensatz zu allen ähnlichen Produkten nicht von Bedeutung. Es wird keine spezielle Software benötigt; keine Befestigung erforderlich. Lieferbar in folgenden Layouts: Russisch (Win1251), Griechisch (Neugriechisch), Englisch, Deutsch, Türkisch (Q), Französisch. Preis: schon ab 9,21 EUR bei www.easykey.de

Anmerkung:
Da die Tastaturumschaltung und die damit im Zusammenhang stehenden Funktionen/Optionen betriessystemabhängig sind, ist es möglich, dass die Umschaltung auf Ihrem Computer Schwierigkeiten macht. Wählen Sie in diesem Fall oder wenn Ihnen die Umschaltung der Tastatur zu umständlich ist, eine der anderen Möglichkeiten französische Sonderzeichen zu schreiben.

Schreiben einer E-Mail mit Sonderzeichen und Zeichen-Code für HTML-Seiten
Sie können französische Sonderzeichen auch im Text einer E-Mail schreiben, dabei ist es gleich ob Sie *Outlook-Express*[1] oder den *Messenger*[2] verwenden.
Sollten Sie beim Senden der E-Mail nach dem Zeichensatz gefragt werden, bestätigen Sie: Senden als *Unicode*.
Der Empfänger der Mail benötigt ein E-Mail-Programm, das diese Zeichen auch wiedergeben kann. Da diese Programme in den Browsern[3] von *Microsoft* und *Netscape* jedoch weltweit Standard sind, dürfte es kein Problem geben. Verwenden Sie auch die Tastenkombinationen zum Schreiben in der E-Mail.
In der Tabelle unten sehen Sie die Codes, die Sie zum Erstellen von HTML-Seiten verwenden können.

Zeichen	HTML	Unicode/HTML
À	&Agrave;	&#192;
Á	&Aacute;	&#193;
Â	&Acirc;	&#194;
Ç	&Ccedil;	&#199;
È	&Egrave;	&#200;
É	&Eacute;	&#201;
Ê	&Ecirc;	&#202;
Ë	&Euml;	&#203;
Ì	&Igrave;	&#204;
Í	&Iacute;	&#205;
Ï	&Iuml;	&#207;
Ô	&Ocirc;	&#212;
æ	&aelig;	&#230;
ç	&ccedil;	&#231;
è	&egrave;	&#232;
é	&eacute;	&#233;
ë	&euml;	&#235;
ï	&iuml;	&#239;
ô	&ocirc;	&#244;

E-Mail geschrieben mit dem "Messenger von Netscape 4.7" (ALT-Tastenkombinationen)
ë (ALT+0235), Ë (ALT+211), ï (ALT+0239), Ï (ALT+0207),
ç (ALT+0231), Ç (ALT+0199), œ (ALT+0156), Œ (ALT+0198)

Bientôt Noël, élémentaire, élèves, laïque garçon, Ça va ?, Smaël, œuf, manœuvre

Wörter mit Sonderzeichen im E-Mail-Programm „Messenger"

---
[1] E-Mail-Programm von „Microsoft"
[2] E-Mail-Programm von „Netscape"
[3] Internetprogramm

Die Autoren

Andreas Grünewald, Bremen
Lehrbeauftragter für Didaktik der romanischen Sprachen
an der Universität Bremen
und Lehrer am Schulzentrum Grenzstraße Sek. II
www.andreasgruenewald.de
E-Mail: gruenewald@uni-bremen.de

Astrid-Helen Hillenbrand, Stadtbergen
Bayerische Landesbeauftragte für den Computereinsatz im
Fach Französisch
Arbeitsschwerpunkt: Einsatz der Neuen Medien im
Französischunterricht
Schule: Gymnasium Wertingen, Pestalozzistr. 12,
86637 Wertingen
www.astrid-hillenbrand.de

Carina Krause, Göttingen
Gymnasiallehrerin für Französisch, Politik und Wirtschaft
Arbeitsschwerpunkt: Integration der Neuen Technologien
in den Französischunterricht
E-Mail: carinakrause@aol.com

Béatrice Martin-Kauder, Berlin
maîtrise française langue étrangère
Arbeitsschwerpunkt: Fremdsprachen-Frühbeginn
Französisch und Vermittlung der französischen
Sprache und Kultur
Lehrauftragte an der Humboldt Universität Berlin
E-Mail: beatrice.martin@berlin.de

Dagmar Odenthal, Berlin
Lehrerin an der Fritz-Karsen-Schule Berlin
Mitarbeiterin des LISUM in Berlin (Landesinstitut für
Schule und Medien) für die Beratungsstelle für
informationstechnische Bildung und Computereinsatz
in Schulen (bics) im Fach Französisch
E-Mail: d.odenthal@berlin.de
www.bics.be.schule.de.cif/fremdspr/franzoesisch.html

Dr. Manfred Overmann, Ludwigsburg
Studienrat an der Pädagogischen Hochschule Ludwigsburg
Arbeitsschwerpunkte: Multimediales Fremdsprachen-
lernen, Lese- und Literaturdidaktik, konstruktivistische
Lerntheorie, emotionales Lernen
www.ph-ludwigsburg.de/franzoesisch/overmann/baf4
E-Mail: overmann18@compuserve.de

Joachim Peper, Natendorf
Studiendirektor am Gymnasium Munster
Fachberater für Informations- und Kommunikations-
technologie (bei der Bezirksregierung Lüneburg)
http://joachim.peper.bei.t-online.de
E-Mail: joachim.peper@t-online.de

Bettina Cuin, geb. Schwenzfeier
Zur Zeit Austauschlehrerin in Villepreux (Frankreich)
Studienassessorin für Französisch, Deutsch und Deutsch
als Fremdsprache

Rolf-Peter Wegner, Berlin
medientechnischer und -pädagogischer Mitarbeiter des
LISUM in Berlin (Landesinstitut für Schule und Medien)
Arbeitsschwerpunkt: Neue Medien und Kommunikations-
techniken
E-Mail: r-p.wegner@panketal.de

Literaturhinweise

In den Beiträgen zitierte Literatur

Alexander, J. E. / Tate, M. A. (1999): Web Wisdom: How to Evaluate and Create Information Quality on the Web. Laurence Erlbaum Associates.

Borrmann, Andreas / Gerdzen, Rainer (1998): Vernetzes Lernen – Hypertexte, Homepages &... ...was man im Sprachunterricht damit machen kann. Stuttgart: Ernst Klett Verlag.

Donath, Reinhard (1997): Internet und Englischunterricht. Stuttgart: Ernst Klett Verlag.

Donath, Reinhard, (Hrsg.) (2000): Kreative Textarbeit mit dem PC. Stuttgart: Ernst Klett Verlag.

Hering, Jochen / Hövel, Walter (1996): Noch immer der Zeit voraus. Texte und Geschichten zur Pädagogik Célestin Freinets. Bremen: Pädagogische Kooperative.

Jancke, Herbert (2000): „Le car est en panne. Eine virtuelle Simulation im Leistungskurs Französisch". In: *Der fremdsprachliche Unterricht Französisch.* 1/2000. S. 36–38.

Klippert, Heinz (⁷1997): Methodentraining. Übungsbausteine für den Unterricht. Weinheim und Basel: Beltz Verlag.

Klippert, Heinz (1998): Teamentwicklung im Klassenraum. Übungsbausteine für den Unterricht. Weinheim und Basel: Beltz Verlag.

Obermeyer, Jürgen (1997): Internet im Französischunterricht. Stuttgart: Ernst Klett Verlag.

Overmann, Manfred (2002): Multimediale Fremdsprachendidaktik. Frankfurt a. M.: Peter Lang Verlag.